现代高校管理与辅导员工作理论研究

王家伟 高 亮 余 巧 著

北京工业大学出版社

图书在版编目（CIP）数据

现代高校管理与辅导员工作理论研究 / 王家伟，高亮，余巧著 . — 北京：北京工业大学出版社，2022.7
ISBN 978-7-5639-8404-6

Ⅰ. ①现… Ⅱ. ①王… ②高… ③余… Ⅲ. ①高校管理—研究 Ⅳ. ① G647

中国版本图书馆 CIP 数据核字（2022）第 129395 号

现代高校管理与辅导员工作理论研究
XIANDAI GAOXIAO GUANLI YU FUDAOYUAN GONGZUO LILUN YANJIU

著　　者：	王家伟　高　亮　余　巧
责任编辑：	邓梅菡
封面设计：	知更壹点
出版发行：	北京工业大学出版社
	（北京市朝阳区平乐园 100 号　邮编：100124）
	010-67391722（传真）　bgdcbs@sina.com
经销单位：	全国各地新华书店
承印单位：	三河市腾飞印务有限公司
开　　本：	710 毫米 ×1000 毫米　1/16
印　　张：	10.5
字　　数：	200 千字
版　　次：	2023 年 4 月第 1 版
印　　次：	2023 年 4 月第 1 次印刷
标准书号：	ISBN 978-7-5639-8404-6
定　　价：	72.00 元

版权所有　翻印必究

（如发现印装质量问题，请寄本社发行部调换 010-67391106）

作者简介

王家伟,重庆理工职业学院讲师、思政教研部副部长。研究方向:大学生思想政治教育。

高亮,重庆理工职业学院党政办主任,讲师,主要从事行政管理和思想政治教育研究。

余巧,重庆工程学院讲师。

前　　言

21世纪以来，高等教育在国家发展战略中的地位越来越突出，在经济社会发展中的作用也从间接推动转变为直接拉动，经济和社会发展比任何时候都更加依靠知识的更新、劳动力素质的提高、科技的创新及教育的发展。因此，世界各国均对高等教育改革予以高度的重视。

高等学校管理工作是学校工作的重要组成部分。目前，高校从事管理工作的教师肩负着立德树人的使命，必须树立教书育人、管理育人、服务育人的教育理念，从实际情况出发，根据新时期大学生的特点，掌握必要的育人方法，提高管理素质，通过管理制度的制定、执行等，充分发挥管理育人职能。高校辅导员作为高校管理的一员，同时也是大学生教育的骨干力量，其整体素质和能力水平的提高对高校教育有着至关重要的推动作用。随着信息技术的发展，以高校校园为载体的内部空间呈现出一系列新问题、新变化和新现象，这给高校管理工作带来了全新的机遇。同时，高校管理工作也呈现出一定的复杂性。优化高校管理，提升高校管理人员的整体能力有着重要的意义。

本书分为五章，第一章为高校管理概述，介绍了两个方面的内容，分别是高校管理的内涵、高校管理的理论基础；第二章为高校教学管理，从三个方面展开论述，分别是高校教学管理概述、高校教学管理现状和优化路径、高校教学管理人员的培养；第三章为高校财务管理，介绍了三个方面的内容，分别为高校财务管理概述、高校财务管理内容、高校财务管理信息化；第四章为高校师资管理，对高校师资管理概述、高校师资管理优化策略、高校教师职业发展路径这三个方面进行了深入研究与探讨；第五章为高校辅导员，介绍了三个方面的内容，分别是高校辅导员概述、高校辅导员职业认同以及高校辅导员核心职业能力的培养。

全书约20万字，其中重庆理工职业学院王家伟撰写9万字，高亮撰写6万字，重庆工程学院余巧撰写5万字。在撰写本书的过程中，作者得到了许多专家、学者的帮助和指导，在此表示真诚的感谢。

本书内容系统全面，论述条理清晰、深入浅出，但由于作者水平有限，书中难免会有不足之处，希望广大同行及时指正。

目 录

第一章 高校管理概述 …………………………………………………… 1
    第一节 高校管理的内涵 …………………………………………… 1
    第二节 高校管理的理论基础 ……………………………………… 3

第二章 高校教学管理 …………………………………………………… 5
    第一节 高校教学管理概述 ………………………………………… 5
    第二节 高校教学管理现状和优化路径 …………………………… 9
    第三节 高校教学管理人员的培养 ………………………………… 19

第三章 高校财务管理 …………………………………………………… 25
    第一节 高校财务管理概述 ………………………………………… 25
    第二节 高校财务管理内容 ………………………………………… 27
    第三节 高校财务管理信息化 ……………………………………… 61

第四章 高校师资管理 …………………………………………………… 93
    第一节 高校师资管理概述 ………………………………………… 93
    第二节 高校师资管理优化策略 …………………………………… 96
    第三节 高校教师职业发展路径 …………………………………… 104

第五章 高校辅导员 ……………………………………………………… 113
    第一节 高校辅导员概述 …………………………………………… 113
    第二节 高校辅导员职业认同 ……………………………………… 122
    第三节 高校辅导员核心职业能力的培养 ………………………… 132

参考文献 ………………………………………………………………… 159

第一章　高校管理概述

高校管理是高校工作的重要组成部分，本章主要内容为高校管理概述，从两个方面展开，第一节为高校管理的内涵，第二节为高校管理的理论基础。

第一节　高校管理的内涵

一、高校管理的定义

高校工作一直贯穿两条主线：第一，高校教育活动（教育者根据一定的社会需要和受教育者的身心发展特点所实施的促进受教育者身心发展的社会实践活动），这种活动是直接作用于受教育者的，主要通过教师与学生的相互交往与共同参与的教学活动来完成；第二，高校管理活动，这种活动是直接或间接地作用于受教育者的，主要通过对高校教育活动的计划、组织、指导、协调、控制、监督等来完成。高校管理是指高校管理者为贯彻教育方针，实现培养目标，提高教育质量，对学校资源进行计划、组织、指导、协调、控制、监督等一系列有效活动的过程。

二、高校管理的主体

高校的管理主体是有权力对高校事务进行管理的人员，也称为高校管理者。大部分人将高校的领导当成高校的管理者，认为只有高校领导才有权力对高校的相关事务进行管理。但现代高校管理概念认为，有权力对高校进行管理的人员不仅有高校领导，还有学生、教师和家长，这些人共同组成了完整的高校管理主体。

高校领导是高校的管理者。对于高校各项日常事务的管理、高校的环境建设、高校章程与制度的制定、高校教育教学的运行等，高校领导者都要做出相应的决策。高校领导分不同的层级，有高层的校级领导，也有中层的处室领导。另外，各个部门的职能人员也是高校的管理者。为了区分领导者与职能人员的工作职责与分工，通常认为，领导者是做决策的，职能人员是执行决策的。因此，在管理上通常有领导与管理的区别，也有领导者要做正确的事，管理者要正确地做事的观点。

教师是高校的管理者。由教职工代表组成的教职工代表大会是监督校长行使权力的民主机构，教师有参与管理高校的权利。教师对于高校的办学方向、教育改革及教学管理中的重大问题，对高校各级领导干部的奖惩、晋升、处分、免职等都有建议权，对高校领导干部的工作有监督评议权，这些都充分说明教师也是高校的管理者。

学生是高校的管理者。高校的社团组织、学生会等都是学生的自治组织，是学生自我管理的机构。这些机构不仅要参与组织各项活动，促进学生的身心发展，也要维护学生的权益。关系学生切身利益的高校事务，学生自治组织有权代表学生参与相关管理。

三、高校管理的内容

高校管理的内容主要包括五方面，分别是人力资源管理，教学管理，科研管理，财力和物力资源管理以及知识、信息及成果管理。人力资源管理指的是高校领导对教职员工进行的开发、配置、使用、评价诸环节的规划、组织、调节和控制，最大限度地发挥教职员工的能力和积极性，最终实现高校整体工作目标的活动过程；教学管理指的是高校根据一定的目标、教学和管理规律，立足于教学全过程，从人力、财力、物力等方面对整个教学工作进行调节和控制，从而保证教学工作有序进行的活动过程；科研管理指的是高校对教师的科研工作、项目研究进行鼓励、指导、考评，进而推动教师科研工作的展开的活动过程；财力和物力资源管理指的是高校对财力和物力资源进行管理、调节、配置的活动过程；知识、信息及成果管理指的是高校对知识、信息及成果进行管理的活动过程。

第二节 高校管理的理论基础

一、科层制理论

马克斯·韦伯（Max Weber）提出的科层制理论论述了一种完全按照理性建立起来的理想化、高效率的组织模式，其中对组织任务、分工和层级的认识是科层制理论的核心。韦伯认为，在理想的行政组织体系中，实现目标所需要的全部活动被划分为各种基本任务，分配给组织中的各个成员。经过这样最大限度地分工，在组织的每一个环节上，都可以由拥有必要职权的专家来完成其任务。组织中人员之间的关系是一种不受个人情感影响的关系，完全以理性准则为指导。组织成员所必须遵守的规则和纪律，也是不受个人情感影响并且在任何情况下都适用的。组织要明确规定每一个成员的职权范围和协作形式，以使各个成员正确行使职权，减少摩擦和冲突。

理想的行政组织体系的结构分为 3 个层次，最高领导层相当于高级管理层，行政官员层相当于中级管理层，一般工作人员相当于基层管理层。

二、科学管理理论

科学管理理论的主要观点：一是在科学手段治理之下，工作人员需要将过去的知识整理汇总，并进行统计、分类，制定一份完整的操作规范与流程制度，帮助工人更好地完成日常工作。二是总结工作的操作步骤和方法，替代以前依靠经验的工作方法。三是更加精准地选择工人，开展相关的培训工作，让其成长起来。这与过去让工人自主选择工作、根据自身情况进行训练有很大区别。四是充分配合工人的工作，确保安排的工作内容都可以依照事先制订的计划开展。五是将管理人员和工人的职责平均分配。管理人员要负责其更擅长的工作内容。

三、马斯洛需求层次理论

马斯洛（Maslow）的需求层次理论把人的各种需求划分成 5 个层次，并按照其需求满足的先后顺序进行排列。

第一是生理需求。生理需求是指人类对维持生存、延续生命的最基本的物质需求。第二是安全需求。安全需求是人们为了规避危险和威胁等的需求。第三是社交需求。社交需求是指人们对感情和归属的需求，包括人们对朋友、亲人、团体、家庭等正式或非正式组织的位置期待等。第四是尊重需求。尊重需求是指人们对地位和受人尊重的需求，包括自尊心、自信心、成就、名誉等外界对自我的尊重和自己对自我的尊重等需求。第五是自我实现需求。自我实现需求是指一个人想要实现自己的理想，并能不断地自我创造和发展的需求，包括寻求最适宜的工作，发挥自己的最大潜能，表现自己的情感、思想、兴趣、意志和特性等方面的需求。

四、双因素理论

双因素理论也称激励－保健理论。美国心理学家赫茨伯格（Herzberg）将使职工感到满意的工作方面的因素称为激励因素，将使职工消除不满的工作方面的因素称为保健因素。保健因素类似于卫生保健对身体的作用，只能预防疾病，不能直接提高健康水平。同样，在工作中，保健因素不能直接起到激励职工的作用，但能防止职工产生不满情绪。当保健因素得到改善后，职工的不满情绪会消除，但并不能激励职工产生更积极的行为，只是处于一种既非满意，又非不满意的中性状态。只有激励因素才能使职工产生满意的、积极的情绪。双因素理论与马斯洛需求层次理论均能为解决高校的管理问题提供启迪。

五、人际关系理论

人际关系理论是早期的行为科学理论，从人本主义观点出发，用试验的方法去探讨管理过程中人的因素对管理效率的影响，给高校管理者以新的启迪。受人际关系理论的影响，部分高校领导者更加重视教职工在高校管理中的主体地位，开始探索民主管理的理念和高校管理的民主化问题。教师参与管理的理念和做法反映出在教育管理方面，高校领导者意识到教职工和学生才是高校发展的动力之源，要重视教职工和学生的需要，积极调动教职工和学生的积极性与主动性。

第二章 高校教学管理

　　高校教学管理是高校管理的重要内容之一，本章主要内容为高校教学管理，分三节展开论述，第一节为高校教学管理概述，第二节为高校教学管理现状和优化路径，第三节为高校教学管理人员的培养。

第一节 高校教学管理概述

一、高校教学管理的内涵

　　高校教学管理具体可以理解为，高校行政管理人员和一线教师通过制订科学合理的计划，遵循教育规律和教育原则，运用一些教育方法和教育智慧对教学过程进行组织、调控、评价，从而提高教学质量，实现教育目的。

　　高校教学管理与其他教学管理、政府部门的管理的显著区别是：它以教学为中心，以高水平的教学质量为目标，以科学管理为主线，不仅具有政府行政管理特征，还涵盖一般教学管理，是兼有行政管理和学术管理的教学管理。高校要实现提高教学质量、培养合格的高校专门人才的目的，必须遵循教学规律，建立健全教学管理机制体制，走科学化的管理道路，方能提高教学管理工作的有效性，实现既定目标。

二、高校教学管理的内容

（一）高校教学行政管理

　　从管理角度看，一切管理都是行政，是组织的一种功能。无论从哪个角度看，我国的高校都是具有鲜明的政治性，并且非常严密的组织，行政存在于其中是毫无疑问的。高校行政源于国家的教育行政，主要是教学管理行政。高校行政得到国家教育法规，尤其是高等教育法的授权，是高校依照法律法规授权或政府委托，依据自身享有的法人资格和办学自主权，行使公共行政职权，履行公共行政义务，承担相应行政法律责任的方式、方法及其他活动的总称。高校教学行政管理是，高校内部相关机构依据国家授权、根据高校自身设置的管理权责所实施的对教学活动的管理。从我国教育法规和高等教育的本质属性看，高校的教学行政管理权主要是教育教学权、学籍管理权、学业成绩评价权、学位授予权、学历学业证书颁发权。此外，从广义上看，高校的教学行政管理权还应包括人事管理权、招生权、奖励处分权，教师具有的民主管理权、科学研究权等，高校对其内部职工的奖惩、考核、评聘等方面的管理权，以及接受监督、维护权益等方面的义务，几乎涵盖了高校与教师、学生之间的权利义务关系。

（二）高校教学学术管理

高校教学管理除教学行政管理外，还有教学学术管理，这两种管理工作互相联系，相互作用，共同构成教学管理活动的丰富内容。长期以来，部分高校偏重行政管理轻视学术管理，学术管理行政化，行政管理泛化，限制了教学管理水平的提高。高校的教学质量直接决定人才培养质量，因此高校的教学管理工作要围绕教学学术管理展开，推进高校的教学学术管理，引领高校教学学术管理改革，对高校的发展与进步具有特别重要的意义。

高校的科研工作与教学工作都属于学术范畴。高校的教学工作不是一种工匠式的劳作，而是一种有着工匠精神的、充满学术性和智慧性的劳动。高校教学集知识与技能，过程与方法以及情感、态度、价值观于一体，既要具备专业学识，又要进行科学的实践、实证，还要从学术角度进行多维的、深刻的研究。高校教师集教育者、研究者和学习者身份于一体，需不断提高教学的学术水平。高校的教学学术管理要顺势而为，不但要从行政方面促成这种局面，而且更应当从学术层面激励、引导。

高校的教学学术活动是从学术的角度探讨知识传播和学习绩效，以及改进教学实践与技能的活动，它涵盖了创新人才培养模式的研究与实践、卓越教学经验的总结与实践等，需要研究和实践怎样制定人才培养目标和质量标准，如何设计和实现相应的知识、能力和素质结构等。相应地，高校教学学术管理必须立足高校办学定位，设计教学学术管理目标，制定学术规范，建立健全学术管理体制。

首先，要设计教学学术管理目标，应从人才培养质量着手，注意发现标准、目标与教学实际的差距，从中发现问题，研究问题，确定解决问题的方法、手段。问题是教学学术管理的逻辑起点，教学学术管理都是围绕一定的教学问题展开的，教学学术管理就是要发现教学学术问题和解决教学学术问题。方法是发现、研究和解决问题的路径、手段或方式，高校教学学术管理侧重于对教学学术问题，如教学运行学术研究、教学个案学术研究及教学学术实证研究的管理，且集中于人才培养、专业设置、课程体系、教学体系等领域，需要运用新理论、新技术、新方法，围绕教学环境、教学资源、教学模式、教学管理等方面探讨解决方案，还要充分运用现代信息技术手段，通过论坛讨论等方式，集思广益地开展高质量的教学学术研究。其次，要根据学术的一般规范和教学学术特点，建立教学学术管理评价体系，构建"教学型教授"职务评审体制，让教师的教学学术价值获得认可。这样，既可以改善教学学术在学术评价中的边缘化状态，又让那些有能力、有机会从事科学研究工作的教师的科学发现、发明获得认可，也让那些有兴趣、有能力在教学领域表现突出的教师有获得认可的机会。既保障以教学质量为中心，又突出教学的学术内涵。最后，要在知识综合、教学反思、教学成果与教学交流等方面建立有效的评价标准，引导教师扎实地提升教学能力，乐于从事教学实践与经验总结和创新。此外，鉴于教师和教学在高校发展中举足轻重的特殊地位，高校应设立"教师发展中心""教学研究中心"等机构，从整体上营造重视教学、研究教学的学术文化氛围；鉴于教学学术的开放性、包容性与创新性，高校要搭建和有效运行教学学术交流平台，如教学学术组织、教学学术网络和教学学术资源平台等；鉴于各高校的特色，各高校要根据自身实际，构建自己的教学学术模式，如建立本校的卓越教师培育制度，设立教学名师、教学奉献奖以及优秀青年骨干教师奖等。

三、高校教学管理的特点

（一）导向性

高校教学管理在其管理方式与教育教学行为上有明确的目的，即保证和提高教学质量，实现科学化和规范化管理。在教师的日常工作和学生的日常学习方面，高校教学管理的思想理念，教学管理的内容、行为、制度条例都对他们产生了直接影响。高效的管理带来好的效益，高校教学管理在规范性和科学性方面的提升能够直接影响到教师的教学育人水平和人才综合素质的提高。相反，带有缺陷和不足的管理组织方式，会对教学和人才培养产生阻碍作用，进而对办学效益和高校影响力产生负面影响。

（二）动态性

教学管理过程是管理者与被管理者之间相互交流的过程，师生作为被管理者，在教学管理过程中也发挥着不可替代的作用。管理者的管理行为不是单功能的行为，它融合了各种功能活动，在教学管理过程中，人、物、信息、时间、空间等都在不断更替，管理者与师生间的相互作用也随着外部环境的变化而变化，管理者要根据管理对象和情况的变化及时提出适当的调整办法，以保证教学管理目标的顺利实现。

（三）学术性

高校教学管理与一般的行政管理有所区别，它是学术管理和行政管理的统一体，是需要跟上社会经济发展的脚步，不断在教学中实践才能灵活运用的活动过程。高校教学管理在管理内容上主要针对智力活动，以人才综合素质的提高为培养目的，其行动的开展必须以专业知识的充分掌握为前提，以客观的科学规律为支撑，而非主观经验主义和死板的规章制度。高校教学管理对教学管理者有较高的专业水准和专业知识的要求，他们需要掌握教育教学的客观规律，具备对教育事业不断进行了解、探索和改革创新的精神，并具备先进的教育管理理念和专业的管理服务态度。

（四）民主性

教师和学生在高校教学管理中作为被管理者，也可以参与到决策和管理过程中来，这体现了高校教学管理的民主性。高校教学目标的达成需要的不仅是教师的实践，更需要学生在学习方面的主观能动性。这就需要最大程度地提高师生的个人积极性，使他们参与到决策和管理过程中来，吸纳他们的创意和想法，这样有利于广泛集中民智，提高教学管理的效率，规避不应出现的管理失误。

（五）服务性

高校的首要工作是教育教学工作，我国高等学校的教学管理也体现出服务性的特征：既服务于教育教学工作，也服务于高素质人才的培养工作。教师和学生不但是被管理的对象，还是被服务的主体，教学管理者所开展的活动归根结底是为了提高教师的教学效率和增强学生的学习效果。从这方面来看，高校教学管理更偏向于服务,并且是主动积极地服务。如果在强调管理的同时忽视服务,会对教师教学和学生学习的积极性和主动性产生消极影响。

第二节 高校教学管理现状和优化路径

一、高校教学管理存在的问题

(一)教学管理制度存在的问题

制度建设问题是高校发展的硬伤,教学管理制度不完善是教学管理工作的软肋,严重影响了教学管理水平的提升和教学质量的提高。可以说,不完善的制度和不规范的管理就是高校生存发展的现实障碍。部分高校虽设立了比较完整的教学管理制度,但并没有发挥教学管理制度应有的作用,教学管理制度缺乏一定的实效性。部分高校由于缺乏一套适合自身发展和运行的管理制度,使得自身的发展与其他高校相比差距越来越大。

1. 部分教学管理制度形同虚设

部分高校虽然出台了一系列的教学管理制度汇编,制度建设比较全面,但在教学管理过程中却没有严格执行教学管理制度,存在隐瞒事实不上报、奖罚不到位等现象,制度摆在眼前领导却按自己的意愿执行,导致部分教学管理制度形同虚设,进行制度汇编修订也是为了应付检查,完成学期内的指标任务,这就严重地影响了教学管理制度在师生中的地位,致使师生无视教学管理制度的存在。教学上,高校如果不按教学管理制度对教师进行监督,对教师违反教学管理制度的行为不做任何处理,教师会将规章制度视为无物,按照自己的思路去开展教学。

2. 教学管理规章缺乏科学严密性

在教学管理制度的制定缺乏一定的科学严密性,部分高校的教学管理制度是由上级教学管理部门的工作人员负责制定的,更多的是借鉴其他高校的管理办法,却没有结合本校实际情况,更没有广泛征询老师们的建议,因而制定的教学管理制度缺乏科学严密性及权威性。

3. 教学管理制度普及性不高

高校中的部分教师对学校现行的教学管理制度不了解,更有个别教师认为没必要了解。虽然教师都知道教学管理制度的存在,但是只有少数教师能非常了解教学管理制度的各项具体内容。这个问题的原因主要是教学管理制度的普及性不高,教师对教学管理制度的学习、贯彻执行重视力度不够。

4. 教学管理制度适切性不足

在遇到具体的教学问题的时候,教学管理领导层随机处理问题的能力有所欠缺。此外,其处理方式和结果与教学管理目标存在很大的偏差。

教学管理应该满足教学目标的需要,严格遵循教学管理制度。教学管理制度要求师生及管理者共同遵守办事规程和行动准则。然而,当出现了违反制度的行为时,部分高校教学管理者出于其他现实条件的考量,有时不能做出准确的处理。

(二)教学管理理念存在的问题

1. 教学管理理念固有化

随着大数据时代的到来,高校的教学管理环境也呈现多态势的变化和发展,但传统教学管理者受固有管理理念的制约,对互联网技术的接纳度不够高。在教学管理信息化的推进过程中,在线教学平台与教务管理系统的数据实现无缝对接,能够为教学管理提供科学化支撑,然而部分教学管理者认为互联网技术应用中的管理效果不明显。有些资历较深的管理者,习惯传统的管理模式,适应新的管理模式需要花费大量时间和精力,所以并不愿意尝试着改变。甚至有人认为,信息化管理并不能提高管理工作的效率,信息化的复杂性反而会加大日常工作量,无法成为原有管理模式的延伸。固有管理理念的制约导致管理者往往对教学管理实施效果以及预期结果有自我的评判方式和标准,新技术的出现反而挑战了管理者的权威,使管理者产生排斥心理。

传统的教学管理理念追求的是统一规范化,力求以标准化的管理思想提高管理效率。但随着时代的变迁,传统的刚性化管理早已不能适应当今的社会环境,教学管理者的思想也需要与时俱进,从教师和学生的利益出发,选择最适合高校以及师生发展的方向。当然,改变固有管理理念不是一蹴而就的,在积极探索更为先进科学的管理理念的道路上,仍然会存在管理者接纳度不高的现象。

2. 教学管理信息化意识不足

目前部分教学管理者的信息化管理意识非常薄弱,阻碍了现代化教学管理的发展与变革。

(1)惯性思维导致信息化建设积极性不高

在教学管理的过程中,部分高校教学管理者的工作日益繁杂,在管理理念、工作方法上还没做到与时俱进，惯于简单机械地完成日常工作安排，对于新事物的接纳度以及敏锐度都有所欠缺。这是教学管理工作者对信息化管理工作认识不足，重视程度不高造成的。

（2）忽视了信息技术在课堂教学中的地位

部分高校在教学管理方面更多强调教学管理信息化系统的建设与完善，忽视了信息技术在课堂教学中的地位，无法运用现代化教学设备对高校教学管理进行科学评估与完善。在线教育在国内高校蓬勃发展，信息化已成为其最显著的特点，教学管理者应与时俱进，及时更新管理理念与方法。同时，高校应通过相关政策引导教学管理者树立信息化教学管理意识，提高对信息的捕捉力和敏感度，更好地融入教学管理工作中。

（三）教学管理过程存在的问题

1.教学管理过程缺乏针对性和有效性

部分高校的教学过程存在一定的管理不到位的问题，教学管理部门对二级教学管理部门的指导十分有限，往往仅是以通知文件的形式下发到二级教学管理部门，执行的过程中并没有对其进行指导，形成的效果较差，同时教学督导发挥的作用不够，仅仅是在教师的课堂上进行听课，并没有将听课的结果及改进意见反馈给教师。这些问题使得教学管理过程缺乏针对性和有效性。

2.教学管理过程流于形式

教学管理过程流于形式，这直接影响了教学管理的效果和效率。个别高校教学管理中制订的某些计划仍没有真正落到实处，计划管理流于形式，大多计划只是为了应付检查而制订的，在检查的过程中忽视对内容的检查。而在教学评价方面，往往是采取学生网上评教的形式进行对教师的评价，在评教过程中没有做到有效的监控。

以上这些现象，都是教学管理形式主义泛滥所导致的，最终的结果就是从表面上看，高校的教学管理工作有条不紊地运行，但是从根本上却无法有效地促进师生的成长和发展，更不能提高教育教学的质量。

（四）教学考核与评价管理存在的问题

1.教学考核及评价管理片面化

（1）教师团队考核评价"一刀切"

以教学的信息化为例。在信息化过程中，MOOC、云课堂等课程的设计和开发不是依靠某一个教师就可以实现的，它对教师的团队协作能力提出了新的挑战，既需要经验丰富的主讲团队，也需要技术超群的制作团队，还需要认真负责的助理团队。主讲团队负责教学内容的设计、实施等，技术团队负责课程的录制、剪辑等，助理团队负责学习的检测与平台的维护等，整个过程需要教师团队的紧密合作，所取得的实际成果也应属于团队所有。然而，对于教学团队的考核评价方式并不完善，呈现单一化局面。教学团队中的教师职责不同，教学考核评价应该区别对待。现行考核评价方式往往较为简单，"一刀切"的评价方式是对整个教学团队的考核评价，没有明确到团队中的每一位成员，对主讲、制作、助理教师团队等缺乏针对性的考核评价。

（2）教师个人考核评价教学权重偏低

首先，教学课时量折算标准不合理。高校教学的评价考核以量化指标为依据，多以课时量为考核标准。但在新技术的应用中，针对MOOC、云课堂等教学考核评价体系还不够成熟，教学从实体课堂走向虚拟后，在线辅导、答疑与互动等都难以像实体课堂课时一样量化计算，部分高校在计算教学工作量时往往会进行一定比例的折算，折算没有统一标准作为参考；部分高校没有把互联网的教学课时算入个人普通课时量，导致不同教学模式之间的课时量考评无法对接互通，未充分体现教师的实际付出。其次，教学业绩津贴普遍偏低。基于互联网技术课程的设计、开发与实施等过程较为复杂，教师花费了大量的时间成本和个人精力，远远超过了传统的讲授课时的工作量，但往往没有计算或只计算了少量的教学业绩津贴，业绩津贴无法与工作时间、工作量成正比，一定程度上削弱了教师的积极性。最后，部分高校教学业绩还未纳入职称评聘考核指标体系。部分高校职称评聘只关注科研项目和论文，科研不达标则无法进行职称评聘。高级别科研项目、高水平学术论文成了职称评聘时PK的对象，这在一定程度上抑制了教师投入教学的积极性。

2. 教学考核及评价方式落后

教学管理的评价目的在于反思教学管理结果的好坏，是否实现了教学管理的目标，是否满足高校人才培养的需要等等。然而，目前很多高校的教学管理评价存在不合理现象，不能发挥其真正价值。

当前，部分高校的教学考核及评价方式落后，评价趋于形式化，多求其有，少求其质。很多高校只开展常规性的教学评价工作，且评价方式单一、不灵活，评价的过程不够规范，对评价的结果也缺乏较为科学、合理的处理。

此外，学校也没有系统的教学评价组织和科学分析和处理信息、数据的方式。因此，考核和评价并不能发挥真正的价值和作用。就目前而言，每个高校都有其相应的考核和评价方式，但大多缺乏有效的监控措施，以至于考核和评价没有实际意义。教学评价不是静态地对数据、对考核成绩进行评价，而是一个动态的过程。因而监控应该成为教学评价的基础。高校教学管理由于缺乏相应的监控制度和体系，往往导致收集评价信息的难度加大，使评价周期延长，缺乏评价的及时性，降低了教学评价的准确度。

（五）教学管理系统存在的问题

1. 教学管理系统不完善

高校的教学管理系统虽然具有了一定的基础并发挥了重要作用，但是由于缺乏一个长远的整体规划建设，教学管理系统建设仍停滞不前，使得教学管理系统无法更进一步完善，这也导致了教学管理系统存在一定的问题。教学管理系统的不完善致使系统的不稳定，更导致有效数据无法正确输出，导致教学工作中断或瘫痪，影响整个教学管理过程的正常运行。

2. 缺乏专业人员管理

高校一方面想尽快落实教学管理信息化，另一方面却忽略了教学管理信息系统的建设需要进行有效的准备。在购买教学管理系统后，高校既没有采取任何的保障措施，也没有安排专职专业人员进行管理，更没有针对使用系统的教学管理人员进行专业的培训。由于缺乏专业人员管理和维护，致使教学管理信息系统里面的信息不完整和不规范，导致信息系统经常崩溃、数据出错。而每当出现这种情况的时候，只能联系系统的厂家进行售后服务，严重影响了教学管理的效率。

（六）学生学习管理存在的问题

1. 学生学习管理机械化

高校学生学习管理是高校管理活动中最重要的组成部分。提升学生学习能力，进行有效的学习管理，是高校教学工作者的努力方向。现如今，部分高校在学生学习管理过程中呈现机械化倾向，管理效果也不尽人意。

（1）学生选课管理机械化

部分学生存在缺乏课程认知的问题，对部分课程结构，包括学科内部的衔接关系、模块与模块之间的关系等缺少必要的了解，导致选课过程盲目。教学管理者作为下发通知的主导者，仅完成下达通知任务，对学生的选课过程缺乏规范性指导。

（2）学习过程管理机械化

学习过程管理的程序化使得个性化、创新型教学管理难以实现。网络环境提供的学习内容同步面向全体学习者开放，学习内容上无法满足个性化需求。一些课程的学习是进阶式学习，对于知识习得过程的管理仅从学习时间和内容方面提出浅层次的基本要求，达到一定目标即继续下一阶段的学习。以 MOOC 为例，在 MOOC 的学习过程中，学生完成 20 分钟的学习任务后下线，MOOC 在线平台对学生的学习行为进行记录，后期上线默认以已完成的学习进度为起点继续学习。这种进阶式学习的最大特点在于课程进度条终止的同时，相应的学分就能获得，但这仅是对学习行为过程的管理，缺乏对学习成效的考核评价，也无法从根本上提升教学管理的质量。

2. 学生学习管理制度不完善

（1）选课指导制度不完善

在学生选课方面，缺乏科学合理的学生选课指导制度。一方面，选课指导制度的不完善导致对管理者的监督约束不够。管理者对于选课管理流于形式，对于学生课程选择的个性化需求重视程度不够。另一方面，选课指导制度的不完善使得选课管理的指导方向不明确。学生的知识结构不成体系，在安排学习计划时缺乏主动性，选课凭兴趣和得分难易程度，使得选课带有很大的盲目性和功利性，出现"凑学分"现象。管理者对于如何引导学生科学选课，无法选择合理的指导方案。

（2）学习评价制度不完善

学生学习结果的考核评价管理是学习管理不可缺少的重要环节，其考核评价标准和方式是否科学合理，直接决定着学生的学习行为和发展，更决定着让每一个学生都获得发展的理念能否真正落到实处。学习评价制度的不完善导致考核评价的过程缺乏有力的约束和监督，管理者对学生的学习评价流于形式，无法保证评价结果的科学性和严谨性。

二、高校教学管理问题的优化

（一）制定科学严密的教学管理规章制度

教学管理规章制度的完善有利于促进高校管理的高效运行，提升高校教学管理工作水平是高校发展的必然要求。高校根据实际情况不断完善和增加教学管理规章制度，从而逐步形成科学化、规范化、制度化的教学管理模式和质量监控体系。制定的教学管理规章制度一定要严密周全，同时制定科学严密的教学管理规章制度还要集思广益，并且还要做到广泛宣传，让广大师生熟悉教学管理规章制度，充分发挥其在教学管理过程中的作用，切实做到有规可依、有章可循。

（二）创新高校管理体制

1. 健全学生参与教学管理的制度

高校教学管理主要针对的是保障教学质量及人才的培养，学生作为培养的主要对象，应该赋予其更多的参与教学管理的权利和义务。高校应依据现有的教学管理制度，进一步完善校内的相关规章制度，保障学生拥有更多的参与教学管理的机会，让大学生的需求和愿望得以充分的反映。

2. 完善教师参与教学管理制度

教师参与教学管理制度建设体现在：一方面要保障教师的教学自主权。教师可以根据现有的教学资源和条件，制定相应的个性化的教学方法。允许教师根据自身课程的特点，自主确定考试形式和内容，鼓励教师丰富考试形式和内容。另一方面，高校应该积极鼓励教师参与到教学计划、课程设置等教学政策的制定中。教师参与教学管理是对教师尊重和教师需求的一种表达，也是对教师自身工作的一种肯定，能够更好地激发教师工作的积极性，提高教学管理工作的水平。

3. 加强对教学管理专业人员管理体制建设

高校教学管理人员是教学管理的实施者，其水平和素质影响了教学管理的水平。对教学管理人员，应该有一套完整的选拔、聘用、考核制度。注重对教学管理人员职前职后的教育，使得教学管理人员专业化程度更高，综合业务素质能力更强，教学管理水平更高，满足教师和学生的需求。

（三）树立先进的教学管理理念

随着政治、经济、文化等各领域的全面变革，高等教育环境也随之发生了翻天覆地的变化，使得传统的教学管理理念越来越难以适应当前的教学工作。改革创新是时代精神的核心，是教育进步的不竭动力。在此背景下，教学管理者需突破传统管理理念，借鉴国内外优秀管理模式，促进创新型人才培养的同时适应社会的需求和发展。互联网技术的应用极大地推进了传统教育的发展，为了适应新时代的发展，高校应树立符合时代进步和社会发展的先进教学管理理念，促使教学管理工作进一步完善。树立先进的教学管理理念主要从四方面入手。

1. 树立人本理念

社会发展的核心内容是以人为本，贯穿高校整个教学管理工作开展过程的主客体都是个人，教学管理即管理主客体相互作用的一个过程，而在教学管理中起主导作用的就是其最基本的要素"人"。因而，为了促进教师与学生各方面能力的全面发展，高校教学管理应贯彻以人为本的管理理念，在教师与学生的主导性和教学管理的人性化服务功能上加大改革力度。

2. 树立与时俱进理念

在高校日常教学管理的工作中，为了顺应教学管理的需求，与时俱进实行动态管理对教学管理者而言极为重要。在高校教学管理的新时期，机械性的传统型教学管理逐渐被适应性的教学管理所代替。

3. 树立精细化教学管理理念

精细化教学管理就是要将教学管理的责任落实到每一位管理者的身上，将管理的责任具体化、明确化。在高校教学管理中，将精细化管理运用到教学和管理两个环节，就是要将教学和管理中所有的流程实现精细化。在实施精细化教学管理过程中，可以采用流程管理理论进行流程设计管理。教学管理应该是一个开放且严密的系统，这就要求在教学管理中要实施流程管理，对教学工作进行流程设计，有组织有计划地在一定的目标下形成流程进行教学管理，从而实施流程管理。

4. 树立互联网理念

在"互联网+教育"背景下，教学管理模式的创新尤为重要，我们需要以创新发展的眼光来看待教学管理的信息化。为提高管理效率，高校教育管理者需要在教学管理中融入信息化元素，对教学管理固有模式进行创新，以此促进高校教学管理与互联网技术的深度融合。

（四）健全高校教学管理组织体系

完善高校教学管理体制，要按"管办分开、政学分离"模式规范运行。这是一种已被实践证明的先进的管理模式。目前，体制的变革即我国高校"去行政化"的重点，同时也是难点。我们要划清创办者、管理者和办学者的界线，理清三者的职责权限。政府作为公立高校的创办者与管理者，需按高等教育法依法履职，行使作为创办者与管理者应有的权力，把着力点放在宏观管理上，如教育规划、政策、法规的制定，教育体系、结构的调整等。高校要扮演好办学者角色，行使办学自主权，制定不同培养目标，采用不同培养方式，办出特色。

此外，高校还要加强其他方面的体制建设，如教学督导体制建设、科学研究体制建设、学术评议体制建设、分层聘任体制建设、行政管理人员监督体制建设等，并完善相应的计划、方案及程序，让所有的人都各尽所能，各得所酬，不断开创高校教学、科研和服务的新局面。

（五）完善教学质量监控和考核体系

教学质量是高校教育发展的核心，教学质量的提高依赖于每一个教学环节水平的提高，每一个教学环节是相互联系、相互制约、相互促进的，直接或间接影响教学质量，所以要重视对每一个教学环节的监控。

第一，健全教学管理监控和评价体系，完善教学质量监控组织结构，实现全面质量管理，建立多方参与、齐抓共管的教学质量监控组织系统及信息反馈系统。

第二，完善教学质量评价机制，构建科学的教学质量管理理念和教学质量监控制度，以教学质量标准和教学质量监控保障制度体系建设为基础，以教学质量监控队伍建设为保障，依托教学与综合服务系统基础平台，建立校院两级质量监控保障体制与激励、约束机制，形成教学质量监控保障制度化、流程化、周期化的长效机制，采取一定的制度和办法等，对教学质量实施动态管理，帮助教师提高教学水平和教学质量，实现学校的教学目标。

第三，建立完善的教学质量考核机制和体系，进行奖优罚劣。一是将教师教学质量评价结果作为职称晋升、岗位聘任、岗位津贴发放、评奖评优的重要参考依据，作为该二级部门教学目标完成情况的重要指标。二是将教学质量评价结果作为精品（重点）课程申报评选的重要指标，教学效果好、教学方法新颖的课程优先被评为精品（重点）课程。

此外，还要重视学生在教学评价中的作用。教学是为学生而教，只有学生才能最真实地反映出教学情况和教学质量。目前，学生的评价并没有真正作为最重要的参考依据列入教学评价之中。高校教学管理应将学生放在教学的主体地位，重视学生在教学评价中的重要作用。对于教师来说，学生对教学进行评价有利于激励教师及时优化教学过程，调整教学方法和教学内容，不断反思教学中的具体问题，从而提高教学质量。对于学生来说，有利于提高学生参与教学的积极性。对高校教学管理来说，有利于监控教学过程，及时发现教学问题。

第四，建立教学过程管理制度。在教学过程中注重教学质量，加强管理教学过程，建立各个教学环节的管理制度，对教学质量的提高非常重要。教学过程管

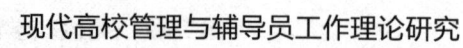

理制度对教学过程中的各个环节进行相关的规定，从制度上确保教学过程的正常运行和教学秩序的稳定。

（六）优化教学资源

1. 丰富各种形式的教学资源

随着互联网技术的发展，越来越多的新技术随之出现。在教学过程中，教师首先可以采用新媒体技术、互联网技术进行教学，比如MOOC、云课堂等，一方面可以丰富课堂的教学资源，另一方面也可以让学生及时了解专业前沿的知识动态。其次，高校可以通过网络教学平台，展示丰富的教学资源，体现高校教育特色，有利于学生的自主学习。最后，高校还应该利用好企业资源，例如在学校课程设置、专业建设等方面，可以邀请企业技术骨干共同参与。学生结束理论阶段的学习之后，将学生送到企业中进行实际的顶岗训练。总之，高校应该充分利用各种教学资源来提高教学质量。

2. 合理优化配置教学资源

目前学术界对教学资源优化配置和整合的研究主要集中在高校内部的资源，即课程资源、教学资源等资源。当前，高校中存在着不合理的资源配置现象。这就要求高校要合理优化配置教学资源，如各系部存在剩余的教学资源，应由学院统筹安排，以免使用教学资源时发生冲突，更要及时更新教学设备，重视对教学设备的维护，加强教师对教学设备使用的培训和制定相关的处理方法，确保教学顺利地开展。

（七）注重教学管理信息化的建设

教学管理是高校管理的核心，信息技术快速发展的必然趋势促使了教学管理的信息化发展。教学管理信息化是现代化教学发展的必然趋势，是高校改革创新必不可少的环节。要想推动教学管理工作运行，就要重视教学管理信息化的建设。一是要更新观念，规范管理制度，结合高校和学生的特点以及教学管理的实际情况，构建并完善教学管理信息系统。二是要重视对教学管理人员使用教学管理信息系统的培训，提高教学管理信息化意识，进而提高教学管理质量。三是要开发适合本校特点的教学管理信息系统，切实适应本校教学管理的实际需求，提升教学管理系统的安全性，防止本校信息外泄。

第三节 高校教学管理人员的培养

一、高校教学管理人员存在的问题

（一）教学管理人员不足，稳定性差

高校教学管理部门虽然职责分工明确，但一些岗位人员不足，致使教学管理人员工作任务繁重，不但影响工作的效率，还影响了工作的质量。

由于教学管理工作内容繁杂琐碎却又关系着学生的切身利益，因此，要求管理人员必须认真细致。基于待遇、工作的特殊性等各种因素的制约，高校教学管理人员流动性比较大，稳定性不强。

（二）教学管理人员业务水平有待提高

教学管理人员的业务水平直接影响到教学管理过程的有效运行。目前，部分高校教学管理人员的业务水平仍有待提高。虽然整个教学活动可以正常开展，但是教学管理的效率却不高，这与教学管理人员的业务水平有关。部分教学管理人员的管理手段缺乏一定的灵活性，对整体优化不够重视。同时，部分教学管理人员缺乏计算机技能，这也是导致教学管理水平不高的另一个主要原因。比如说在利用系统进行课表编排这一方面，很多教学秘书不使用教学管理系统编排课表，而是采取手工编排课表后录入系统的方法，没有真正发挥信息化系统的高效性。

（三）教学管理队伍服务意识缺失

正是由于教学管理人员紧缺，使得教学管理人员存在一人多岗的情况，工作的繁杂无法让他们把更多的精力放在教学管理上。同时，部分基层的教学管理人员地位比较低，在待遇上相对其他教师偏低，还存在不受尊重的情况，制约着相关教学管理人员积极情绪的发挥。虽然随着成熟度的增加，部分教学管理人员的服务态度有所改进，但服务意识和工作态度仍有待端正。部分教学管理人员在服务教师和学生的过程中仍带有情绪，服务态度也随着其当时心情的好坏而变化，缺乏一定的耐心。

二、高校教学管理人员能力的提升

在高校教学管理中，教学管理人员是十分重要的。教学管理人员在服务教学的同时又对教学进行指挥，既是实施者又是组织者。这就要求对教学管理人员进行有效管理，加强教学管理队伍的建设。

（一）遵循教学管理基本规律

高校教学管理的根本目的是培养人才。因此，高校教学管理就要以遵循教学管理基本规律为基础，把培养人才放在第一位。

首先，坚持"四强化、四淡化"，构建科学、高效的管理体制。"四强化、四淡化"即强化职责意识，淡化职务意识；强化服务意识，淡化权力意识；强化创新意识，淡化守摊意识；强化大局意识，淡化本位意识。实现教学管理的公正、公平、公开、透明。凡从事教学管理者都应深入教学第一线，掌握教学管理规律，有针对性地指导教学。教学管理者在履行管理教学职责时，注意满足师生正当的情感和理性要求，疏导沟通，关心照顾，鼓励激励，营造和谐、勤学、乐教、活泼的教学氛围。

其次，树立求真务实的教学管理作风。教学管理工作要严密、严谨，不该做的事情不做，不该说的话不说，属于本职范围的事情要义无反顾地做好，为高校工作的整体推进出力献策。教学管理人员应有岗有责，做到每一项工作都有人管，有人做，保质保量完成岗位任务。另外，要贯彻责任制，凡涉及教学管理岗位职责内的事，能立即解决的立即解决，不能解决的耐心说明理由。教学管理人员要树立角色和大局意识。一方面，要按高校教学管理要求，既不干预别人工作，也不推诿工作，发挥好角色作用。另一方面，要以大局为重，时刻考虑高校发展的大局和以教学质量为中心，任劳任怨，淡泊名利，认真对待每一项工作。要强化教学管理人员的服务理念。要把教学管理看成服务师生的途径，把服务师生当成一种人生享受，尽自己最大的努力真正做好教学管理工作。要注意教学管理人员的质量意识。质量意识，既是对管理工作质量的认识，又是对教育教学质量的要求。教学管理者要注意调查研究，时刻关注学校的校风、学风建设，关注师生的思想动态、生活状况、学习工作情况，做好工作预案，选用最佳手段，把工作做到最优。要增强教学管理人员的创新意识。创新是推动教学管理工作的动力，只有不断创新，才能为教学管理工作注入活力，使教学管理工作更快、更好发展。毫无疑问，教学管理人员是教学管理工作的决策者或执行者，对高校的教育教学发展起着非常重大的作用。对高校的教学管理者来说，要顺应时代发展，不断开拓创新。不断学习研究，不断提高自身的综合素质。在工作中要多思考、多求教、多论证，举一反三，触类旁通，力求找出最佳工作方案。此外，还要注意走出去，请进来，多学习、研究和借鉴国内外先进的管理理论与经验，拓宽视野，擅长逻辑思辨，既善于摸着石头过河，又会顶层设计，力求在工作中有所突破，用改革推动工作的发展。

（二）推进管理人才信息化建设

高校信息化教学管理涉及高校行政管理、教学科研等多个方面，对技术含量和专业性都有一定要求。因此，高校信息化教学管理需要一支技术过硬、学习能力强的信息化管理人才队伍。对于人才队伍建设也提出了新的要求，管理人才不仅要懂教学、懂管理，还要有专业化信息技术做储备。国外高校对于信息化教学管理人才队伍建设尤为重视，我国高校应当借鉴它们的成功经验。

1. 转变固有思想

高校的领导层以及相关职能部门应加大引导力度，切实转变教学管理者的传统观念，增强信息化意识，树立现代化教学思想，通过思想层面的提升，激发教学管理者对管理工作的成就感和认同度，从而提高管理的先进性和有效性。

2. 加强队伍建设

高校信息化管理人才队伍在促进高校管理科学发展的同时，也有效推动高校信息化建设。所以在实际的管理人才队伍建设中，高校相关负责人应提高重视程度，根据高校的现有情况，从实际出发，在岗位设置、制度优化、人才招聘、教育培训等方面采取相应的措施，从各个方面综合提升管理人才队伍建设的有效性，为高校的发展提供可靠的人力资源保障。

3. 开展信息化教学管理培训

随着高等教育改革的不断深入以及信息化教学的推进，高校对教学管理的体制及其机构提出了更高的要求。在此背景下，需要有一支既有理想又有远见，既有丰富的教学管理经验，又熟练掌握现代管理技能的专业化队伍作为有力支撑。

然而，现有的教学管理队伍却与这一需求还存在很大的差距，这是多方面原因造成的。教学管理人员信息化管理意识薄弱是最直接的影响要素之一。没有先进、科学的信息化管理意识为指导，就可能会出现方向偏差、低效的管理。管理者的思想守旧，正是其素质不高的一面。高校除了对师生进行管理之外，也需要有完善的配套制度来督促管理者。因此，加强教学管理人员培训，提升教学管理人员意识，对于高校教学管理而言，具有重要的现实意义。

第一，邀请教育界学者来校开展信息化教学管理相关讲座，定期对高校教学管理人员授课培训，并通过评价反馈了解教学管理人员的学习状态，力求培训的专业化和有效性。第二，开展教学管理相关研讨会，以头脑风暴式研讨展开讨论，对增强教学管理人员的信息化管理意识有一定的促进作用。同时，对教学管理可能存在的问题以及未来发展趋势有了更清晰全面的了解，为教学管理者开展后续工作奠定坚实的基础。第三，派遣部分教学管理人员到上级培训学校进修学习，或者到教学管理先进模范学校调研学习，考察交流。学习借鉴先进的管理经验，为日后教学管理工作开展过程中遇到的难题提供新的思路与方法。培训形式的多样化，能有效拓展管理者思维，工作的积极性和主动性也随之增强。

（三）加强教学管理队伍建设

1. 注重打造优质稳定的教学管理队伍

（1）激发教学管理人员的工作热情

教学管理人员的工作热情度直接影响工作的积极性。高校可以采取物质激励或精神激励。管理者要善于运用政策和赏识的眼光去激励教学管理人员，要满足教学管理人员基本的需要，从而全方位地激发教学管理人员的工作干劲。

（2）充分调动管理者的积极性

当前，教师和教学管理人员由于学校环境的限制，制约了个体积极情绪的发挥，产生的情绪更多的是消极情绪，这就从根本上降低了工作效率，削弱了服务学生和学校的意识，容易导致教学师资队伍的不稳定。作为学校管理层，应该注重调动教师和教学管理人员的积极情绪，充分发挥个体的积极情绪，维护管理人力资源队伍的稳定。

（3）增加教学管理的稳定性

稳定教学管理队伍需要采取以下措施。首先要加大经费投入，提高教学管理人员的薪资待遇，并设立充足的教学管理岗位津贴。教学管理工作复杂烦琐，且工作周期较长，还需处理各种教学突发事件，工作强度较大，高校理应给予充分的支持和肯定。其次，建立完善的教学管理人员职称晋级制度。高校在进行职称评定时，对于拥有多年教学管理经验以及在教学管理工作中取得一定成绩的教学管理人员应给予更多的支持和肯定。最后，通过绩效考核的方式，加强教学管理工作岗位的量化工作，考核结果作为奖惩的依据。对考核优秀的教学管理人员，应给予必要的奖励。通过这些激励措施使教学管理队伍保持良好的工作积极性，并吸引优秀的教学管理人才，提升高校教学管理队伍的职业幸福感，减少人才的流失。

2.提高教学管理人员的专业化水平

（1）提高教学管理队伍素质

加强对高校教学管理人员在职业和素质方面的培训力度，提高教学管理人员的综合素质。提升教学管理专业人员的责任意识、服务意识，提高创新性和积极性，从思想和理念上提高其认识水平。

①加强培训力度。高校应加大教学管理队伍建设的经费投入。针对目前教学管理队伍整体素质偏低的现状，高校应多形式、分层次、有针对性、有计划地对教学管理人员进行培训，不断提高教学管理队伍素质，从而提高高校教学管理水平。

建立岗前培训制度，让新上岗的教学管理人员了解教学管理的基本内容、程序及注意的事项，掌握必要的教学管理知识和方法；同时要制订学历提升进修计划，鼓励教学管理人员有计划地在职进修高层次学历；还要举办培训班、研讨班等，让教学管理人员参加同行、专家的讲座，借鉴先进的教学管理理念，提高业务水平。

②增强管理人员的服务意识。高校管理人员的服务就总体来说，是为学术事务和行政事务服务的，归根结底是为学术服务；就内容来说，是教学服务、科研服务以及其他具体的人财物事诸多复杂的服务等。很显然，管理人员的管理工作烦琐、复杂、枯燥无味，不耐心、不细致、不坚持、不尽责是绝对干不好的。为了做好管理工作，必须增强服务意识。在日常工作中，一定要强化管理人员的以人为本服务意识，变管控审批为服务，变"唯上"为"唯下"，强化主动服务意识，教育他们不仅要为校领导做好服务工作，还要为其他部门和师生员工做好服务。要注意引导他们发扬实事求是、勤奋务实、任劳任怨的精神，以解决管理中存在的问题为目标，在立足本职工作的基础上积极进取，为高校发展贡献力量。通过管理人员提供多方面的优质服务，使领导专心于决策，教授专注于治学，让教师从承担的行政事务中解脱出来，专心于学术事务。

（2）提升高校教学管理人员业务能力

提高高校教学管理人员业务水平，努力形成一支既懂得高校教学管理相关的理论知识，又善于从事高校教学管理实践活动，具有创新性和开拓性的教学管理队伍。对于推动高校教学管理创新发展，提高其专业化水平具有重要的实践意义。

3.加强教学团队的"双师结构"建设

首先应该致力于增加教师的工作经历，提高教师对专业的认识。高校可以采取顶岗、挂职、兼职等多种手段以增加教师的一线工作经历。这样，教师在教学过程中也能够根据自己的工作经历给学生进行真实的讲解。

其次，应该提升教师的实践技能。虽然高校已经对教学的实践环节做了明确的要求，但是有些教师往往会忽略实践课程的教学，或者将实践教学的课程压缩到很短。因此，高校必须采取强有力的措施来提升教师的实践技能。

最后，还应该加强教学课程与其他方面的联系，不应该将教学课程独立于实践之外。高校应该加强产学研一体化教学模式的建设，以教学课程为主，紧密结合企业生产、新技术、新工艺，提升教师的研发能力和创新能力。

（四）完善激励考核淘汰晋升机制

首先要建立完善的聘用体系，注重对教学管理人员进行专业化的考核及培训，强调管理人员职业能力的培养，鼓励高校教学管理人员走职业化的发展道路，适应高校教学管理发展的需求，提高教学管理质量。

其次要建立切实完善的激励考核淘汰晋升机制，充分激发教学管理人员的积极性和创造性，使教学管理人员有压力也有动力，有危机感也有责任感和成就感，使得教学管理工作人员有规可依，有章可循。促进管理人员自我完善、自我激励、自我发展、自我进步。以高素质、高能力、高水平的专业性服务教学，服务师生，服务学校发展。适应高校教学管理发展的需要，提高教学管理质量，使教学管理更加科学，更加全面。

高校教学管理队伍建设是高校人才队伍建设中的重要组成部分。教学管理队伍建设水平的高低，直接关系到高校人才培养的质量，各类高校应高度重视教学管理队伍建设，逐步提高教学管理水平，推动学校整体工作的进一步发展。

第三章 高校财务管理

高校财务管理是高校管理中不可或缺的一部分，本章对高校财务管理进行研究，分为三节，第一节为高校财务管理概述，第二节为高校财务管理内容，第三节为高校财务管理信息化。

第一节 高校财务管理概述

一、高校财务管理的内涵

从广义的角度来看，高校财务管理是指高等学校在遵循国家及地方财经政策法规的前提下，以实现学校自身总体发展为战略目标，通过专门的财务部门对学校各项引起资金变化的活动进行货币计量，处理各种财务关系的管理活动。

二、高校财务管理的流程

高校财务管理流程可以定义为高校为履行其财务职能而进行的一系列有序的活动。高校财务管理的流程主要包括财务事前计划、事中控制、事后评价等活动。根据高校"以收定支、量入为出"的财务模式，高校财务管理流程为实现自身发展目标提供所需的蓝图涉及各方面收支计划，这就意味着高校财务管理在事前将高校各类业务活动所涉及的物流、资金流和信息流纳入财务管理范围，事中通过财务核算，加工财务信息，最终形成财务报告，接受政府和社会的监督。

三、高校财务管理特点

（一）经济活动多样化

在新形势下，高校为了生存和发展，在开展教学的同时，加大了科研项目、技术开发、咨询服务、对外投资和生产经营等各项经济业务活动的力度，为高校财务管理增添了新的内容。为了配合信息公开化的要求，满足各经济利益主体的需要，高校更加注重成本效益管理。这对财务管理的精细化提出了更高的要求。

（二）核算体系复杂化

由于多元化的资金来源使得高校办学成本越来越受到社会的关注，高校也会更加注重教科研活动中的成本效益管理，对会计核算提出更高的要求。高校财务管理的目标也从单一的以资金收付核算为中心的记账式微观管理，转向以微观管理为基础，重点解决资金筹措、调拨，以及提高资金使用效益等的宏观经济管理上来，明确高校资源市场规则，树立经营高校的理念，为高校发展创造良好的经济环境。

（三）筹资渠道多元化

随着经济社会的发展和高校独立法人地位的确立，高等教育体制发生了转变，促进了高校经费来源渠道和投资主体的多元化和多层化格局的形成。高等院校除了积极争取国家、各级政府及主管部门的经费拨款与补助以外，还依靠拓展办学模式、开展科技协作、转让科技成果、吸纳社会捐赠、获取偿还性贷款等各种方式进行筹资。

（四）财务管理规范化

高校应在遵守国家财经法规、政策和制度的前提下，建立和健全适应学校具体情况的规章制度。科学编制预算，加强预算管理，把高校全部收支作为预算资金统一管理，整个学校一盘棋；财务支出普遍实行"一支笔"审批制度，集中校内各级各单位的财权；加强财务管理，维护财经纪律，严格、合理地执行经费预算，提高资金使用效率；在网络信息环境下，计算机普遍应用，会计电算化普遍实行，这使财务数据的获取更加全面、快捷、简单、准确，使高校财务管理系统更加规范；高校财务报告规范化，建立高校贷款风险预警机制，成立专门部门或安排专人负责贷款管理工作；加强财务人员队伍的建设和财会人员的职业道德修养，注重培训；等等。

第二节　高校财务管理内容

一、高校预算管理

（一）预算管理概述

1. 预算管理内涵

"预算"一词源于法文 Baguette，意思是指皮革制成的公文包。《辞海》中"预算"的定义为"国家机关、团体和事业单位等对未来一定时期内的收入和支出的计划，有时也称个人或家庭的收支预计"。由预算的定义可以看出，预算的应用范围较广，可以应用于多个领域。

预算管理就是整合一切的经济资源，目的是能够完成经济管理目标。在高校，预算管理就是高校财务收入的管理，就是按照相关规章制度，依据高校的不同情况，按照法定程序下拨、运用、核算、监控资金，并且在这个过程里上报使用信息，在使用过后及时总结分析这个全流程的管理。

预算管理工作的指导方针是按照高校本身的战略目标制定的。预算必须在下一年度之前预测和计划出来，在监督资金运行的过程里还需要随时分析执行情况是否合理。虽然看起来是以目标为核心的管理制度，但实际上侧重于每一部分。所以，预算管理实际上就是高校财务资金管理的核心内容。

早在19世纪，预算管理在英美等发达国家政府部门的节约开支方面就开始发挥作用，并逐渐得到理论界和实务界的普遍关注。1922年，美国学者麦西金（Mckinsey）开始对预算管理的科学性进行系统阐述。之后，预算管理在国外的发展历程大体上经历了3个阶段。

阶段一：规划－计划－预算（PPBS）（20世纪60年代）。在此阶段，预算的功能不断扩展，从最初的注重成本费用控制扩展为对整个组织单位资源的规划与控制，进而形成了上下结合的、不断反复闭环式的预算编制形式，实现了预算执行者参与组织单位的预算管理过程。典型的公司包括杜邦化学公司、通用汽车公司等。

阶段二：零基预算（ZBB）（20世纪80年代）。它主要是针对增量预算的弊端（"存在就是合理"思维定式）而产生的。零基预算不是以现有费用水平为基础，而是一切以零为基础来考虑费用产生的必要性和金额大小，在综合平衡的基础上编制预算。零基预算的出现进一步完善了预算管理系统，使管理者关注到预算管理在分析关键决策事项和推动关键决策事项实施上的重要作用。代表性公司是美国得克萨斯仪器公司。

阶段三：绩效预算（PB）（20世纪90年代）。绩效预算最早应用于美国联邦政府总统办公室预算的一种预算方法。它规定各预算单位在申请经费拨款时，不仅必须明确阐述该预算所能实现的目标及相应的详细支出计划，还必须明确说明其目标绩效将如何实现客观公允的衡量。绩效预算的实质是以目标为导向，以业绩评估为核心，将资源的合理分配与绩效的提高紧密结合。绩效预算进一步扩展了预算管理的内涵和外延，使预算兼具了沟通协调、资源优化配置、绩效评价与激励等多种功能，也由此进一步奠定了预算在单位内部控制系统中的核心地位。

2. 预算管理相关理论

作为现代科学和现代管理理论基础的系统论、信息论、控制论、委托代理理论、全面预算管理理论和人力资本与激励理论等，为预算管理提供了坚实的理论基础。

（1）系统论

系统论是20世纪20年代美籍奥地利生物学家贝塔朗菲（Bertalanffy）创立的，其核心是依据系统的本质属性使系统最优化。预算管理系统的构建与该理论强调的系统整体性、关联性以及层次性相契合。

就系统的整体性而言，预算管理本身就是一个由若干阶段组成的可操作系统。从预算的编制、执行控制、分析纠偏到绩效考核，都应该进行整体考虑，全员共同参与并制定相应的规范流程。如果没有整体性观念，预算管理工作仅仅局限于某一部门（比如财务部门）或少数部门，那么预算管理的资源整合及优化配置作用就不会明显，难以达到"1+1>2"的整体效果。

就系统的关联性而言，单位综合预算由各个专项预算组成。只有在每年下达预算目标时，实现各个部门之间的充分沟通与协调，并使其各司其职，明确在整个预算管理系统中的地位与作用，才能真正实现预算管理系统优化配置资源的作用。

就系统的层次性而言，强调任何一个系统都是由若干个子系统组成的，而该系统又是更大系统的子系统。由此，在研究复杂系统时必须考虑系统与上下左右系统之间的关系。就预算管理系统而言，不同的单位面临着不同的内外部环境，只有弄清楚内外部环境各因素之间的关系以及各因素是如何影响预算管理系统的，才能有效地运用预算管理系统并使其作用得以发挥。

（2）信息论

信息论是20世纪40年代美国数学家、通信工程师香农（Shannon）、瓦伦·韦弗（Warren Weaver）创立的。随着信息技术的发展，该理论强调的信息量、信息传递、信息反馈以及信息处理等在管理科学领域发挥着越来越重要的作用。

就预算管理系统而言，不仅要对组织单位的内外部环境因素以及相关管理活动等过去信息加以分析，还需要对组织单位的未来信息加以预测。而且，从预算的编制、执行、分析到考核，就是一个信息传递、反馈以及决策支持的过程。由此，信息质量的高低在预算管理过程中就显得非常重要。如何规范预算管理过程中故意歪曲预算信息的行为是预算管理实践必须解决的重要问题。

（3）控制论

控制论是20世纪40年代美国数学家诺伯特·维纳（Norbert Wiener）创立的。控制论一经产生，就迅速渗透到自然科学和社会科学领域。控制论揭示了管理活动和控制过程的统一，即通过信息传递、加工处理和反馈来进行控制。

就预算管理系统而言，从预算的编制、执行、分析到考核，实质上就是把预算目标在组织单位各层级人员之间逐级传递，通过规范他们的行为，优化资源配置，进而实现预算目标。确切地讲，预算编制过程强调信息沟通，是在分析单位内外部环境因素的基础上，全面认识单位自身资源和能力的过程。而预算在执行过程中的分析和考核，就是对预算执行结果的及时反馈，通过决策来调节和控制预算与实际执行情况之间的差距，以保证预算目标的实现，滚动预算正是体现了控制论这一思想。

（4）委托代理理论

在伯利（Bere）、米恩斯（Means）明确提出"所有权和经营权相分离"的命题和科斯（Koss）对企业的性质做出系统的论述之后，现代企业中由于两权分离产生的与经营者激励相关的代理问题，一直是学者持续探讨的话题。

现代公司制的一个重要特征是企业所有权和经营权相分离，在所有者（委托人）和经营者（代理人）之间形成了一系列的委托代理关系。两权分离带来分工收益的同时，也产生了代理成本，因而就产生了委托代理问题。信息不对称会产生代理问题，以及由此导致的道德风险和逆向选择问题。委托代理问题主要有四种类型，包括努力问题、期限问题、不同风险偏好问题以及资产使用问题。

（5）全面预算管理理论

全面预算管理作用于整个预算周期。预算期开始时，应按照组织的发展规划目标来进行全面预算的编制和审批工作；预算执行时，应以审批的正式预算指标为基础来组织和开展各项业务活动；预算执行完成后，应对比和分析各预算执行的最终结果。

开展全面预算管理时应注重全过程以及各个方面，组织中的全部人员都必须参与全面预算管理工作。全面预算管理预测未来特殊时期内的全部事件，并将利润最大化视为组织的最终目标，从而反映最终目标实现后未来时期内的具体财务状况。全面预算管理的最大特征就是"全"，这意味着在开展预算管理工作时，全部人员都应积极参与到预算管理的全过程和各个方面，不管是组织的领导还是组织的职能人员，每个人除了可以看作预算指标的操纵者，还应该看作是预算指标的编制者。

（6）人力资本与激励理论

西方人力资本理论的发展经历了从萌芽、发展到成熟的历程。亚当·斯密（Adam Smith）的《国富论》被学术界公认为人力资本理论的起源，是人力资本理论的萌芽。此后，经济学家萨伊（Zaire）、穆勒（Muller）、马歇尔（Marshall）等人从不同角度发展了人力资本理论，论证了人力资本在生产中的主体地位和价值创造的作用。20世纪60年代，经济学家舒尔茨（Schultz）、贝克尔（Becker）等人提出了较为完整的人力资本理论体系，建立了现代人力资本理论。舒尔茨使用人力资本的概念，分析了战后发达国家经济增长的原因，结果表明人力资本在经济增长中能起决定作用。此外，罗默（Roemer）、卢卡斯（Lucas）等人将人力资本引入经济增长模型中，进一步凸显了人力资本的价值。

人力资本理论是从人自身的角度出发，指出人的才能本身是能产生投资收益的资本，尤其是人力资本产权论，更是为经营者获得企业的剩余索取权或者说是股权奠定了理论基础和法权地位。因此，对于解决企业委托代理问题的预算管理研究，需要结合人力资本理论进行全面分析。

如果说人力资本理论要解决的是实施激励的前提条件和为什么要实施激励的问题，那么激励理论则是从人的心理角度和个体行为角度讨论人们对激励的需求。典型的理论有马斯洛的需求层次理论、赫兹伯格的双因素理论、奥尔德弗（Alderfer）的ERG理论、弗鲁姆（Vroom）的期望理论。

激励理论最初是针对企业的一般员工的激励问题提出来的。事实证明，按照这些理论来激励不同层次的员工能提高他们的工作积极性和努力程度，进而可以促进企业生产效率的提高。由此，结合前面阐述的委托代理理论，在预算管理中加强预算考核与激励是解决上述问题的有效途径。

（二）高校预算管理概述

1. 高校预算管理的内涵

预算的应用区分为营利组织和非营利组织。不同类型的组织，其预算的目的、作用以及相关管理系统都是不同的。本书所研究的高校为公办高校，即非营利组织。

高校预算管理是指高等学校依据其发展战略分解的年度预算目标，编制特定年度的资金收支计划，以此作为高校资源配置和对各执行管理部门进行资金控制以及绩效考核的依据。高校预算管理是高校财务管理过程中非常重要的一环，是对高校资源进行优化配置的一种管理行为，由预算目标确定、预算编制、执行与控制、绩效评价等环节构成。

2. 高校预算管理的特点

（1）以社会效益为目的

公办高校作为一种非营利组织，其业务运作不是以追求盈利为目的。不同非营利组织之间的预算管理有着不同的目标，公办高校预算管理在总体上以宏观的社会效益为目的，凸显社会公益职能。

（2）战略引导性

战略引导是指高校预算管理应当服务于既定的中长期发展战略，每年年度预算目标的下达应当依据其中长期发展战略的要求，在此基础上优化其资源配置，从而实现为社会培养专门人才的目的。高校预算管理应分清主次，教学科研作为高校的核心工作，高校应将有限的资源向教学科研活动倾斜，重点培植，这样才可能不断提高教学科研水平，实现高校的可持续发展。

（3）全局性

与初高中学校有所不同的是，高校包含很多学院，这使得高校财务工作变得非常复杂，因为学院数量多，导致要对接的部门繁多。高校教学、科研、行政、后勤等多个管理流程统一包含在高校的预算管理体系里面，所以高校预算管理有全局性。高校校内预算由各个部门共同制定，因此更要从全局角度进行预算管理。

(4) 平衡性

我国高校预算是国家财政预算的一个组成部分,具有较强的严肃性和权威性。保持预算收支平衡是高校能够实现长期稳定发展的基本要求。由此,高校预算管理要求做到收入预算坚持稳妥可靠,支出预算坚持统筹兼顾、确保重点、勤俭节约、不留缺口,实现收支平衡。

3.高校预算管理的原则

我国高校的预算管理原则有以下几条:合法合规、真实可信、无赤字预算、安排有重点以及完整可靠(见图3-2-1)。

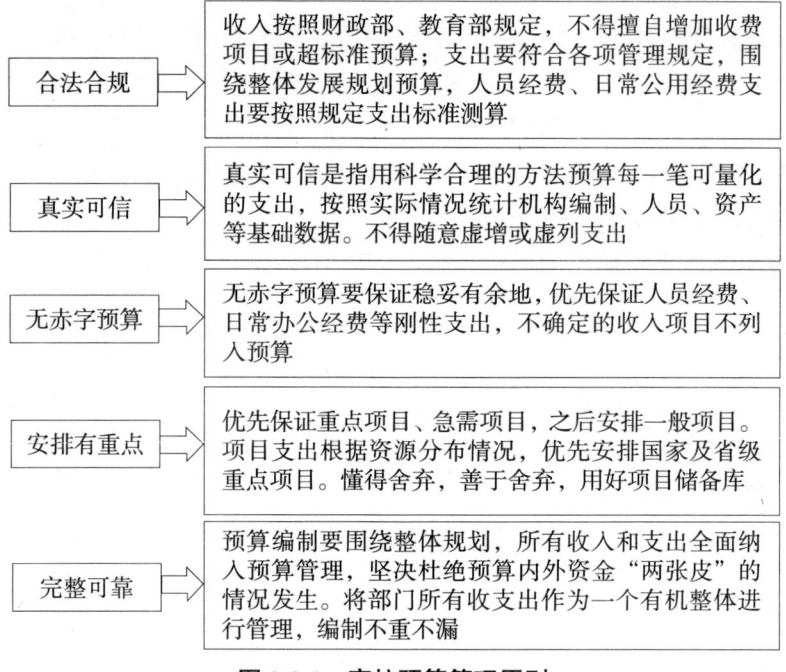

合法合规	收入按照财政部、教育部规定,不得擅自增加收费项目或超标准预算;支出要符合各项管理规定,围绕整体发展规划预算,人员经费、日常公用经费支出要按照规定支出标准测算
真实可信	真实可信是指用科学合理的方法预算每一笔可量化的支出,按照实际情况统计机构编制、人员、资产等基础数据。不得随意虚增或虚列支出
无赤字预算	无赤字预算要保证稳妥有余地,优先保证人员经费、日常办公经费等刚性支出,不确定的收入项目不列入预算
安排有重点	优先保证重点项目、急需项目,之后安排一般项目。项目支出根据资源分布情况,优先安排国家及省级重点项目。懂得舍弃,善于舍弃,用好项目储备库
完整可靠	预算编制要围绕整体规划,所有收入和支出全面纳入预算管理,坚决杜绝预算内外资金"两张皮"的情况发生。将部门所有收支作为一个有机整体进行管理,编制不重不漏

图3-2-1 高校预算管理原则

(三)高校预算管理内容

高校预算管理内容包括高校预算编制、高校预算执行、高校预算调整以及高校预算绩效评价(见图3-2-2)。

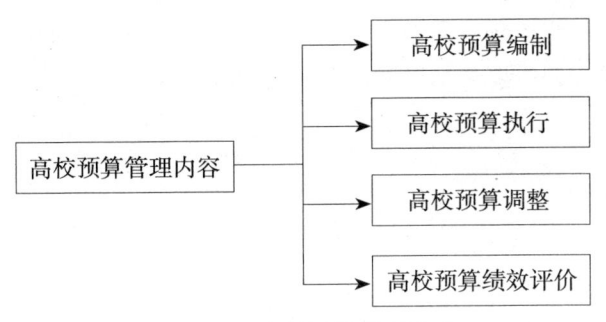

图 3-2-2　高校预算管理内容

1. 高校预算编制

高校预算管理工作的第一步是预算编制。预算编制是将高校财务资金进行配置的过程，反映的是高校自身的战略目标，其分配是否科学合理直接决定了预算执行进度以及绩效评价结果，同时也影响着高校的长期稳定发展。高校预算编制工作主要由财务部负责，其他二级部门和学院相互协作，汇总审核预算数据以及往年的预算执行进展情况，此外在结合高校发展战略目标的基础上，严格按照编制原则、方法以及流程开展预算编制工作，部门预算需要通过高校财经工作领导小组的审核后报上级批准，校内预算上报至校长办公室进行审核。

（1）高校预算编制的原则

坚持收入稳健原则。高校会计核算采取稳健原则，在编制收入预算时借助这一原则，旨在核实收入，为确定支出预算打下基础，同时也避免产生赤字隐患。

坚持统筹兼顾原则。支出要体现出预算年度高校整体的事业目标，统筹兼顾，保证重点。高校在编制支出预算时，要处理好"吃饭"和"建设"的问题，在确保基本人员开支和正常运行开支的前提下，突出重点、合理安排、逐年解决事业发展支出。此外，在高校支出预算总额中还要保留适当比例的预备费（机动费），用于解决当年高校预算执行中出现的不可预见性开支。

坚持勤俭节约原则。高校要发扬艰苦奋斗、勤俭节约的优良传统和作风。高校事业的发展、计划和预算安排，必须与国家计划和高校财力相适应，切忌片面强调发展而不顾财力地铺摊子、上项目。

（2）高校预算编制的内容

在高校预算管理工作中，预算编制是最关键的步骤，直接决定着预算执行监督控制、预算调整以及预算绩效评价等后续预算工作的展开。高校预算编制内容一般包括收入预算及支出预算两部分。

①收入预算。收入预算是指高校在预算年度内通过一定的形式和程序，有计划地筹措到的资金，主要包括以下内容（见图3-2-3）。

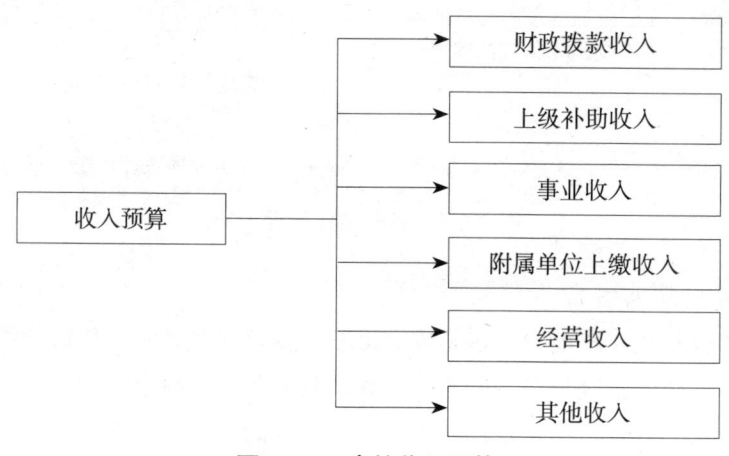

```
                    ┌──→ 财政拨款收入
                    │
                    ├──→ 上级补助收入
                    │
         收入预算 ───┼──→ 事业收入
                    │
                    ├──→ 附属单位上缴收入
                    │
                    ├──→ 经营收入
                    │
                    └──→ 其他收入
```

图 3-2-3　高校收入预算

财政拨款收入。指财政部门核拨给高校的财政预算资金，包括教育、科研以及其他财政拨款。

上级补助收入。指高校从主管部门和上级单位取得的非财政拨款补助收入，按照往年尤其是上年的补助标准具体实施，用于补充正常业务资金。

事业收入。指开展专业业务活动及其辅助活动获得的收入，包括教育事业收入（例如每年学费、考试费、住宿费等）和科研事业收入。前者依据学生人数、收费标准等具体进行统一征收，后者则主要是基于往年收入情况确定的。

附属单位上缴收入。指高校的独立核算部门按照相关规定制度上缴的收入。

经营收入。指高校年度收入与支出相抵后的余额，经营收支结余应当单独反映。经营收支结余可以按照国家有关规定弥补以前年度经营亏损，其余部分并入学校结余。

其他收入。指取得的除以上收入预算外的其他各项收入，包括利息收入、捐赠收入、投资收入等。

②支出预算。支出预算是指高校为了对集中的预算收入有计划地分配和使用而安排的各项资金支出。主要包括以下内容（图3-2-4）。

基本支出。指高校为保障机构常规运行，完成教学、科研等日常工作而产生的必要开支，包括人员支出和公用支出。

第三章 高校财务管理

项目支出。指高校的专项预算在基本预算支出的基础上，为完成高校的具体工作任务或发展战略目标而安排的支出。

经营支出。指高校在专业业务及其辅助活动之外展开的非独立核算经营活动产生的支出。经营支出与经营收入相匹配。

对附属单位补助支出，指高校用财政补助收入之外的收入对附属单位补助产生的支出。传统的事业行政单位会计称其为"调剂支出"。

上缴上级支出。指高校依据相关规定的定额或者比例上缴上级单位的支出。

其他支出。指除以上预算支出以外的其他各项支出，比如捐赠支出、利息及税费支出等。

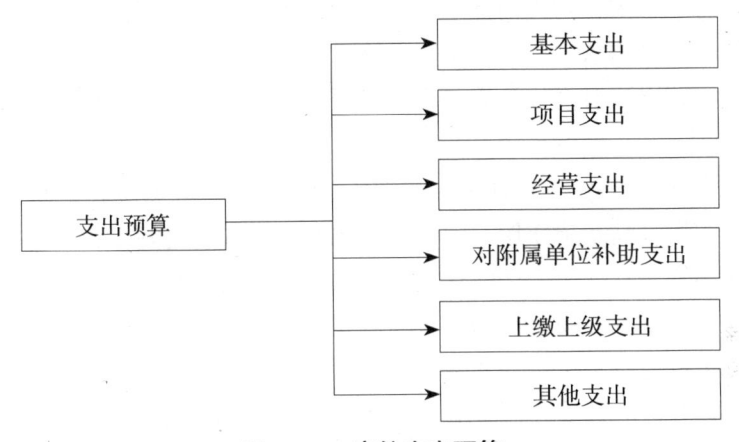

图 3-2-4 高校支出预算

（3）高校预算编制的方法

目前，我国高校采用的预算编制方法主要包括增量预算法、复式预算法、零基预算法、概率预算法、滚动预算法等。近年来又出现了超越预算法。

①增量预算法。增量预算法是指在年初安排高校各部门的预算时，以上年预算为基础，结合本年度的有关影响因素进行调整，从而形成本年度预算的一种方法。其优点是简便易行，由此得到了世界各国的广泛使用。但其缺点源于"存在的就是合理的"假设，过去的浪费在下一年度不能得到有效改善。由此，增量预算法适用于在年度之间不会出现大的波动的预算项目。

②复式预算法。复式预算法将高校预算支出划分为经常性支出和建设性支出。复式预算法对预算资金的安排是首先安排经常性支出，再将建设性支出按照轻重缓急的顺序进行排列，并在项目预算执行过程中，依据高校资金的宽泛程度

（比如收入的增加或支出的节约等）来依次补充，既保证资金的合理使用，又突出重点。

③零基预算法。零基预算法是在每个预算年度开始时，高校所有的收支预算都不以过去发生的业务收支为基础，完全从零出发，根据年度预算目标推敲每项费用开支的必要性与合理性，并依据成本效益原则排列各项管理活动的优先次序，以此来对预算资金做出安排，其优点是能将高校有限的资源用于最需要资金支持的项目。但是，这种预算方法对预算编制人员的要求较高，而且对每一个费用开支项目进行反复论证也会使预算编制变得烦冗复杂。

④概率预算法。概率预算法是将数理统计方法应用于预算管理的方法。该方法要求统计每一个项目发生的概率及其金额大小对年度预算的影响，并以此作为高校预算资金安排的依据。严格意义上来讲，这是一种相对比较科学的预算编制方法。但是，该方法对高校预算管理人员要求较高，所以一般由预算管理人员灵活运用。

⑤滚动预算法。滚动预算法是基于"预算应依据事态发展不断做出调整以保持时效性和发挥其指导作用"的思路出现的一种预算编制方法，包括逐月、逐季、混合滚动等方式。该方法的优点是保持预算的完整性和连续性，以动态的观点规划高校的未来，并随时根据项目的进展情况对预算做出调整和及时纠偏，从而充分发挥预算的协调控制和"指挥棒"作用；缺点是预算工作量大。

⑥超越预算法。预算控制有紧控制和松控制两种模式。其理念是为员工确定具体的短期（通常是1年）目标，使之工作得更有效率。超越预算法采用的是松控制的模式，即预算主要作财务预测和计划之用。超越预算法基于两种不同原则的管理思想。一是滚动预测，充分考虑内外部环境变化，基于内外部需求，按需配给资源。二是要高度分权，有效推动责任从单位中心到个体业务单位的转移，鼓励引导各业务单位能够做出各自的决策。

2. 高校预算执行

预算编制结束后，预算任务已经下达并分配给了各部门和单位，将预算目标落实到各部门的实际日常工作中。在预算执行过程中监控每个部门的预算实施情况，按照预算编制项目标准加以控制，严格把控，当项目在实际实施过程中发生变化，实时反馈在执行过程中产生的错处，按照程序进行调整和追加。预算执行过程可以完善预算方案。

高校通常在每年3月至4月向下属部门公布预算并下达，但是任何部门或个人无权在预算执行过程中自由更改和调整其预算。特殊情况需要各个部门进行申请，高校负责人只有在确认实际情况，并通过规定的程序后才能进行调整和追加。我国的高校新学期都是从秋季学期开始，而编制预算则是从春季学期开始，高校的这个特殊性质导致预算外的资金增加，但是高校可以根据规程来适当地调整其各个职能部门的预算。在年底时，高校的财务部门需要收集和分析有关预算执行情况的统计数据，并反馈结果。

高校预算执行通常反映整个预算期间预算计划中的所有收入和支出。它包括预算收入、预算支出以及预算结余。在预算管理工作中，预算执行是最为重要的环节，它作为预算编制与预算绩效评价工作之间的桥梁，不仅是高校预算工作顺利开展的关键环节，还是预算绩效评价工作顺利开展的主要依据。由此看出，高校应重点关注预算执行的动态监督与控制，积极创收，有效控制和资金使用。

3. 高校预算调整

高校预算调整是指预算主体通过下一年度发展规划制订的、具有主观特征的预算资源分配计划。由于人们在制订计划时无法百分百拥有完整的信息来精准预测未知的自然事件和人为事件，因此在预算执行过程中不可避免地会偏离预算计划，从而导致预算调整。但是，这并不意味着高校可以随意调整已批准的预算计划，而是应按照有关规定程序进行调整。

4. 高校预算绩效评价

高校预算绩效评价是以绩效为核心，运用特定的指标体系，通过定量定性对比分析，对预算决策、配置、使用等做出的综合评价。首先，开展高校预算绩效评价工作应准确界定评价主体、评价对象以及评价期限。其次，应选取合理的评价指标，进而构建一套科学的绩效评价体系，然后根据绩效评价指标展开绩效评价工作。最后，分析评价结果，建立奖惩机制。高校预算评价体系的指标至少应包括预算编制决策评价、预算执行评价和预算结果评价。

（四）国外高校预算管理经验借鉴与启示

1. 国外高校预算管理经验

高校预算管理问题在一些西方发达国家（包括美、澳等）研究得比较早，也取得了较为丰富的研究成果。如卡尔 R. 博尔吉亚（Carl R. Borgia）、兰多夫 S. 科耶尔（Randolph S. Coyer）研究了美国高校实施的绩效预算管理改革，在肯定改革取得成功的同时，也指出其存在的不足。罗宾·内勒（Robin Naylor）、杰里米·史密斯（Jeremy Smith）、阿比盖尔·麦克奈特（Abigail McKnight）等人针对英国高校实施的绩效预算管理体系，运用统计学原理进行实证研究，在指出存在问题的同时，也提出相应的优化措施。

近年来，高等教育在世界上许多国家已经被列为教育发展的重点，各国不断加大对高等学校的教育投入，高校预算管理也因此成了专家学者的研究热点。下面结合国外研究现状，以美国、澳大利亚以及英国等发达国家高校为例，从预算管理体制、预算编制、预算执行控制和预算绩效评价方面对其预算管理的做法做以下梳理。

（1）美国高校预算管理

美国是世界经济强国。作为高等教育发达的国家，美国高校的办学理念和办学实力都是走在世界前列的，有很强的引领性，其高校预算管理也是相对比较完善的。都知道美国的高校分为公立学校和私立学校，其办学模式是有差异存在的，但是他们都具有完整且完善的预算管理。早在20世纪70年代，绩效这一概念就已经被引入美国高校的预算管理。其预算管理的主要经验包括以下几方面。

①预算管理体制方面。在美国，高校普遍设有类似预算管理委员会职能的、专门负责高校预算的管理机构。该机构在组织与管理高校预算方面发挥着重要作用，并随时向各部门提供有关预算管理的信息。

美国大部分高校都设置了单独的预算管理办公室，专门聘请相关人员办公，专门负责预算管理。该办公室的存在意义主要是为高校二级部门提供一些关于财务预算方面的编制服务，以及为高校各级人员提供预算咨询服务，同时协助财务部对高校的各项收支进行预算和评估，达到和谐统一地管理学校资源的目的。为了方便对部门预算的执行工作负责，高校各部门都设立了专项预算员，但他们没有随便调整预算的权利。

②预算编制方面。美国高校的预算编制必须基于高校的事业发展规划，且突出重点，将有限资源优先用于重点建设项目，并追求成本的最小化和资金效益的最大化。

美国高校对预算编制时间有着严格的控制，需要提前一年对项目预算进行编制。从4月份就开始做好预算准备，收集和整理一些重点项目内容，然后举行预算听证会，听证会结束后再实行逐级的预算方案上报和审核，在6月份的时候将年度总预算金额确定下来。预算方案和政策最终确定后，各高校要严格按照方案和政策执行，不能随便改动，更没有权利支配经费，除非学校董事会同意。

此外，美国高校的预算编制并非由单个部门决定，而是不仅预算部、财务部参与，学校其他管理人员、教职工，以及其他部门的人员都可以参与其中，对预算编制给出自己的建议。一些高校还设立专项委员会专门对其负责,成员则是由普通的教职工所组成。

③预算执行控制和预算绩效评价方面。美国高校重视同等院校的比较分析,即选择在办学规模、条件以及教育教学质量等方面类似的同等院校,以其作为参照物,运用横向对比来反思本校在预算管理方面是否存在问题。预算绩效评价方面主要是从20世纪90年代推行了绩效预算管理,建立了绩效评价体系,且取得了良好的效果。

(2)澳大利亚高校预算管理

澳大利亚高校一般都会构建完善的预算管理体系和制定明确的预算管理制度,并将预算管理作为落实高校事业发展规划和优化资源配置的手段。澳大利亚高校的全面预算管理体系在世界上也很著名,它的著名源于其严格透明的预算程序、科学的预算分配、有效的实施约束和预算监督。澳大利亚的高校在内部不仅设置了专门的预算管理机构,还建立了一个专门的预算委员协会,该协会主要负责学校的预算工作,包括预算项目的确定、预算制度的编制以及预算内容、预算情况的公布等。当然,预算的最终执行工作还是由财务部来负责,执行过程中的监督环节由全体教职工共同监督,这可以归类为澳大利亚高校的外部预算监控,通过外部人员来发现预算中存在的各种问题,然后调整措施加以解决。澳大利亚比起其他国家更加重视绩效评价在预算管理中的应用,他们强调要对预算目标和实际的结果进行评估,进而对预算的执行完成情况评估,最后按照激励机制的规定进行奖惩。

具体来说,澳大利亚高校预算管理的经验有以下几点值得我国高校加以借鉴。

①预算管理体制方面。澳大利亚高校的预算管理有一套规范的管理程序。年初,首先由财务部门依据以前年度的预算执行情况,并结合下一年度的预算影响因素草拟出下一年度预算的初步方案;其次,由学校预算管理委员会及学术委员会对草案进行深入的研讨论证,并征求各方面的意见;最后,提交到学校的最高管理层审批通过。

②预算编制方面。澳大利亚高校非常重视资金分配与工作之间的责权匹配关系。预算资金优化配置的主体是所属的二级学校。高校按照合理的方法将预算资金划拨到各二级学校并由其自主分配,各学校院长和系主任被赋予了相应的人事和财务管理权限,进而充分调动了他们的工作积极性。学校的各级行政管理部门充当为二级学校进行服务的角色。

③预算执行控制和预算绩效评价方面。澳大利亚高校的预算执行过程要接受

校内校外双向监督。校内由预算执行委员会和广大教职工对预算执行过程进行监控，校外由会计师事务所等部门进行审计并出具审计报告。年度决算报告中必须详细列明预算经费收支数据，并分析预算执行情况及评价效果。

（3）英国高校预算管理

英国高等学校对预算管理工作非常重视，有关预算管理的经验主要有以下几方面。

①预算管理体制方面。英国的高校普遍设有独立的预算管理机构并有规范的预算管理制度，依据本校的实际情况来制定预算编制原则和程序，加强预算管理。

②预算编制方面。英国高校重视财力集中，不搞赤字，实施综合财务预算，以此来体现预算的严肃性。英国各高校必须实行财务集中管理，即开设银行账户只能由学校来进行，严令禁止各二级单位开设银行账户。同时，英国高校对部分预算经费支配权适当下放，以此来调动各部门的工作积极性，但各部门要接受学校财务部门对各项支出的监控，禁止超预算支出。

③预算执行控制和预算绩效评价方面。英国高校实施严格的预算执行控制。一旦学校将各项经费指标分配到各二级单位后，各二级单位就必须严格按该预算执行，严禁超预算支出。若某二级单位或项目确实需要增加支出，可以提交书面说明申请调整，并且预算支出增加的申请必须是在有预算收入增加的情况下才接受预算调整申请，申请在严格按程序审核后经学校最高管理层批准才能调整实施。

2.国外高校预算管理经验的启示

综合国外高校预算管理的经验做法，结合我国高校预算管理的现状和特点，我们可以从中得到以下几点启示。

（1）设立专门的预算管理机构

英、美、澳等发达国家的高校普遍设有独立的预算管理机构并有规范的预算管理制度，依据本校的实际情况来制定预算编制原则和程序，加强预算管理。而我国高校预算经费一般来源于政府财政拨款，资金分配受政府政策的影响较大。并且，我国高校的预算管理一般根据政策的变化由财务部门做出宏观上的资金预算调整。这对高校的资金合理使用和可持续发展是十分不利的。我们可以从国外高校的做法中得到启示，设立独立的预算管理机构并规范管理程序。年初，首先由财务部门依据以前年度的预算执行情况并结合下一年度的预算影响因素草拟出下一年度预算的初步方案；其次，由学校预算管理委员会及学术委员会对草案进行深入的研讨论证，并征求各方面的意见；最后，提交到学校的最高管理层审批通过。

（2）选择科学的预算编制方法

基于美国大学的预算管理经验，高校的预算编制必须基于学校的事业发展规划，且突出重点，将有限资源优先用于重点建设项目。而且，其预算系统以过去几年的数据作为基础，在预算中针对支出比例进行分析，资金的分配是比较稳定的。澳大利亚高校非常重视资金分配与工作之间的责权匹配关系。预算资金优化配置的主体是所属的二级学校，并且充分调动各二级学校的工作积极性。相比之下，我国大多数高校采用的是简单的增量预算法。这不但可能会加剧供需之间的矛盾，而且也会造成教育资源的浪费，进而产生不合理的预算分配方案。我们可以学习美国和澳大利亚高校的一些做法，依据学校的实际情况，选择科学的预算编制方法，将预算年度和工作年度进行相应调整，切实落实预算管理责任，使预算管理落到实处。

（3）建立科学的预算评估体系

我国高校财务预算可以定期将一段时期内的预算经费使用等情况进行公示，加强预算示范和透明度的可行性，减少决策失误造成的损失，这样能大幅提高预算实施的公平性和公正性，对预算管理起到监督作用。在提高透明度的基础上，要建立科学的预算评估体系。可以设计符合我国高校的绩效评价指标，建立自己的预算绩效评价体系，从而保证高校的健康、可持续发展。

二、高校教育成本管理

（一）高校教育成本概述

1. 高校教育成本的内涵

从广义的角度来说，高校教育成本是指国家、家庭和社会在特定时间内培养高校学生所产生的资源耗费，通常包括实际成本和机会成本；从狭义的角度来说，高校教育成本并不涉及机会成本，而仅仅包含在培育学生过程中所产生的实际成本。而我们所讨论的就是高校教育成本狭义的概念。

2. 高校教育成本的分类

（1）固定资产成本

这里的固定资产是指高校为了保障学校正常运转和教育活动正常开展所持有

的固定资产。主要包括建筑物、设备和价值符合固定资产的要求的书本等。不同的资产有着不同的使用年限，虽然年限不同，但每年在使用的过程中都会产生相应的损耗，也就是我们通常所说的折旧，这些折旧也是教育成本的重要组成部分。

（2）高校职工成本

广义来说，高校职工既包括与教学活动直接相关的工作人员，也包括与教学活动间接相关的工作人员。而高校职工成本主要是指相关工作人员各司其职、辛勤劳动所理应获得的报酬，包括职工工资、奖金、福利等。

（3）管理成本

管理成本有直接构成和间接构成之分，直接构成主要是指在学校日常运转过程中实际发生的且教学教辅活动必须负担的相关支出；而间接构成是指与教学教辅活动无关的部门所对应的支出。

3.高校教育成本的特点

（1）高校教育成本中直接成本较低

高校对于学生的培养需要各个职能部门共同协作，教育资源的消耗涉及教学、教辅、科研、学生服务、行政管理、资产管理等多个方面。高校为了确保教学过程的连续性，需要系统考量各个环节的消耗情况。除了教学成本是直接为提供教育服务产生的支出外，其他都属于间接成本。直接成本比间接成本低。

（2）高校教育成本补偿滞后

高校教育成本是提供教育资源所产生的资源消耗，其性质决定了教育成本的特殊性。高校培养学生的过程需要耗费大量的人力、物力以及财力，而高校的学费以及经营收入占比较小，不足以补偿教育成本，高校主要还是依赖于财政拨款，所培养的学生对教育成本的补偿一般都在毕业之后。而企业通常生产完产品之后会立即投入市场获取收入，对所消耗资源的补偿具有即时性。通过比较分析，高校教育成本补偿具有滞后性。

（二）高校教育成本核算

1.高校教育成本核算的理论基础

（1）成本会计理论

高校和企业虽然性质不同，但为了完成各自目标都需要投入人力、物力等资源，而且对于投入的资源都要进行核算，并利用科学的方法对这些资源进行合理配置。这些共同点为成本会计相关理论应用于高校教育成本核算奠定了基础。

根据成本会计理论，在企业的产品成本核算中，首先要区分生产经营性费用和非生产经营性费用，前者还要划分为直接费用和间接费用，将直接费用直接计入产品成本，间接费用要先在其他账户归集，再按照一定分配标准分摊到产品成本中。产生的间接费用进一步分为生产部门间接费用和辅助生产部门间接费用，其中辅助生产部门间接费用还要在各生产部门进行分配。非生产经营性费用不归集。将高校各院系看成企业的生产部门，其他部门看成企业中的辅助生产部门，上述企业产品成本核算的思路同样适用于高校教育成本的核算。除此之外，企业进行成本核算时是根据会计核算的资料和数据，若出现不能满足成本核算要求的情况，企业会单独为其设置账簿，通过共享财务信息，可降低成本核算的费用，便于实行产品的核算。这一核算思路同样也可以应用到高校的教育成本核算当中。

在高校，实施成本核算可在现有的会计信息基础上，再另添加一些账户，将成本核算工作与日常财务会计工作结合，可减少高校为实行成本核算带来的成本费用，同时又有很强的便利性。

（2）财务管理理论

财务管理理论是高校进行成本管理的理论依据。财务管理的概念最早产生于19世纪末，人们将财务管理作为企业社会在生产过程中的一项综合性管理工作，用于组织企业的各项财务工作，处理各种财务关系，以优化企业内部结构、提升企业价值、促进企业发展。

随着财务管理理论的广泛应用和进一步发展，财务管理不再局限于企业，非企业主体同样也存在财务管理，同样需要处理财务关系。在教育产业中，财务管理同样适用。为了适应高等教育产业的发展需要，高校必须注重通过增强师资力量、改善教学条件等方法来提高高等教育质量，在这一过程中就需要高校用财务理论指导实践，积极开展财务管理工作，进行教育资金的投资和优化配置。对高校而言，其核心工作之一就是培养学生，财务管理活动也应围绕教育活动过程中教育资源的耗费展开管理。因此，高校应该对教育成本进行管理和核算，建立健全高校教育成本核算体系，准确计算高校在开展教育活动中发生的资源耗费。

（3）成本分担理论

成本分担理论的重点是谁受益谁分担，高校的教育成本应在高校教育的受益者之间进行分摊。高校教育的目标是培养符合经济社会发展的学生，最终目标是服务于社会。政府作为社会的代表要分担部分教育成本；学生通过高校教育也具备了一定知识和技能，为以后的工作奠定了良好的基础，同时也为家庭赚取了财富，因此学生及其家庭也应承担部分教育费用，学生毕业后到企业工作，为企业也创造了经济效益，因此相应企业也应承担部分高校教育费用，因此教育成本应由政府、学生个人及其家庭、企业共同承担。

根据成本分担理论，政府应对高校进行财政拨款，补贴高校教育费用；学生应缴纳一定的学费对教育成本做出补偿；企业也应缴纳一定的费用。因此，高校有必要对教育成本进行核算，只有准确核算教育成本，才能将教育成本在政府、企业、学生及其家庭之间进行合理的分担；同时，高校进行诸如对生均培养成本、高校运行成本的核算可以为学生个人教育投入、财政资金的投入提供成本数据的参考。

2.高校教育成本核算方法

（1）成本统计法

成本统计法是对高校现有的财务资料中的教育经费进行适当调整，得到的数据作为教育成本的核算方法，这一方法主要是根据已有的资料进行估算。但有些高校的教育经费比较笼统，其中缺少一些应该归属于教育成本的项目以及应该从教育成本中剔除的项目，因此得到的教育成本信息缺乏准确性和合理性。

（2）会计调整法

提出使用会计调整法的学者有王耕、崔邦焱、王守军等。他们提出，可以在成本统计法的基础上编制调整表，对高校教育经费支出进行调整。但此种方法需要在日常核算中遵循权责发生制原则，在期末遵循收付实现制原则并进行调整，加大了工作难度，并且由于有些高校的教育经费支出比较笼统，很难进行细分及进一步调整获取教育成本，无形中增加了会计人员的工作量。

（3）会计核算法

会计核算法是指利用会计信息系统，同时采用权责发生制和收付实现制，符合教育成本的项目采用权责发生制，其余预决算业务按照规定采用收付实现制，并设置独立的账簿记录有关于教育成本项目的信息，从而计算教育成本的方法。

（4）作业成本法

迈克·摩尔（Mike Morrow）以作业成本法成功用于制造业企业为灵感，提出了可以把作业成本法应用于高校的假设，由此各学者开始使用作业成本法研究高校教育成本的核算。通过研究发现，作业成本法可以更加高效地解决高校教育成本较复杂的问题，通过作业、动因、资源消耗量等分析，对间接费用进行合理分配，获得教育过程中每个环节和不同作业中心的成本数据，并且将不同层级、不同院系的学生按照合理的比例进行计算，得出和其更相符的教育成本。通过这种方法得到的生均成本更加真实准确,可以为学费标准的制定提供合理依据,给学校管理层制定决策以及成本管理提供有效的信息。

(三)高校教育成本控制

1. 成本控制的内涵

成本控制是成本管理的一部分,指企业根据其在一定时期内预先建立的控制目标,对生产经营活动中将要发生的和已发生的成本进行的管控。在企业的生产经营范围内,往往是由各个部门的负责人作为控制主体,根据其职权的责任清单,结合相应的目标,充分分析影响各种成本的因素,并有针对性地进行事前谋划、事中调控和事后总结,尽最大可能保证既定目标的落实。

进行成本控制的主要目的就是合理配置资源,避免浪费,在保证质量的同时,尽可能把成本降低。成本控制要从基础工作抓起,通过对生产过程中各个阶段的资源消耗的统计、对比和分析,找到资源消耗的不合理之处,从而采取相应的调节措施和监督措施,达到降低成本的目的。对整个社会来说,资源是既定的,进行有效的成本控制不仅可以提高资源的利用率,合理配置资源,而且是积极践行"绿水青山就是金山银山"的重要体现。

高校作为事业单位,其所提供给大众的产品属于准公共产品,虽然其存在的目的并不是为了盈利,但是同样需要成本控制。高校虽然不同于企业,但是也涉及投入和产出,也要讲究效益。相比企业成本控制,高校教育成本控制是在保证教育质量和社会效益的基础上,由高校的各个学院和各个部门在自己权责范围内,对影响成本的各个因素进行分析、调节和监督,进而反馈到相应主管部门,然后各个主管部门共同努力,合力实现成本控制。

2. 高校教育成本控制的内涵

高校教育成本控制,一方面是高校管理者对整个教育及其管理活动中各项费用的发生进行规划和限制,使之能按预定计划进行的管理活动;另一方面是控制学生个人成本开支,如学费、住宿费、交通伙食费等学习、生活成本费用的活动。高校教育成本控制的目的不是实现成本的最小化,而是在保证教育产品质量的同时,各级职工在自己的职权范围内,以部门为单位,对各自可能涉及的一切影响成本的因素充分考虑在内,对这些因素加以预防、调控,以达到预期的设定目标。高校教育成本控制的核心目标是优化成本结构,提高资源的使用效率。当实际发生的成本与既定目标有偏差时,要及时进行分析并调整。对造成偏差的原因要进行深入的剖析,是环节设置的不合理还是环节运行的不合理,又或者是控制目标设置的不合理，要对这些影响因素分别进行考虑，从而不断调整并优化成本结构，最终达到高校教育成本控制的目的。

（四）高校教育成本管理的现状

1. 教育成本确认不明确

目前，政府尚未出台对教育成本的确认、计量、核算范围以及核算方法等进行统一化、标准化规定的文件。虽然 2005 年发布了《高等学校教育培养成本监审办法（试行）》的通知，但对于教育成本的科目设置、账务处理、核算方法等具体内容并未做明确说明。

2. 教育成本信息仍然不够准确

虽然政府新发布的会计制度的初步实施为教育成本核算提供了制度保障，成本信息的歪曲情况有所改善，但是目前部分高校所提供的教育成本信息仍然不够准确，既不能提供不同专业和不同层次学生的生均培养成本，也不能反映不同学院生均培养成本在资源消耗上的差异，这样不利于教育成本的管控，也不能为相关决策提供支持。

3. 教育成本控制动力不足

具有事业单位性质的高校不以营利为目的，其日常运营所需资金大都来源于财政拨款，资金压力相对较小，缺少成本管理的意识，这在根源上削弱了部分高校进行教育成本控制的动力。随着政府对成本控制的关注力度不断加强，高校进行有效的教育成本控制已经刻不容缓。

4. 教育成本控制基础不牢

高校教育成本控制基础不牢主要体现在以下几个方面。

（1）高校财务人员的能力不足

部分高校财务人员大都是基础核算人员，缺少能够进行有效分析的复合型人才。面对会计准则制度不断发展的现状，部分高校财务人员存在对政府会计制度把握不充分和理解不到位等问题。

（2）业财融合推进不足

对于高校来说，现如今业务和财务如果不能有机结合，将会在很大程度上影响高校的高速发展。事实上，很多高校的业务部门人员缺乏业财融合的观念与意识，财务部门相关人员业财融合的积极性也有待提高，很多时候是各个部门闭门造车，这样有可能会使财务工作脱实向虚。当业务与财务出现脱节的时候，一方面可能会因为缺少过程管理而出现监管漏洞，另一方面可能会增加管理工作的成本。

（3）固定资产的处理存在问题

虽然之前"大收大支"的时代已经一去不复返，但是通过实地了解，发现许多高校固定资产管理制度并不完善，有些高校折旧的动力不足，不计提折旧，甚至存在未入账的资产；有些高校虽然计提折旧，但不是按月而是一年才提一次；部分高校固定资产辅助核算不到位，未进行具体的归类，计提的折旧不能合理归类到相应部门成本中；部分高校实物资产的计量和盘存制度落实不到位；部分高校存在资产系统和财务系统不同步的情况。

5. 高校成本管理手段落后

管理手段落后是指信息化手段落后。近年来，各高校都重视成本管理信息化建设，添置了一些成本管理系统，但在建立系统时未考虑数据互通的问题。虽然系统建立了，但是因为数据无法互通，仍然需要通过人工去管理，如高校普遍都在使用两套资产管理系统，一套是财政管理系统、一套是校内教育口径管理系统，每月末都要将校内管理系统转到财政管理系统中，如果当月的固定资产入账较多，工作量就很大。另外，现在大数据与移动端的广泛应用，都给成本管理信息化提供了良好的信息技术支持，但在成本管理工作中的应用还不够普及，如缺乏与校园信息中心的实时对接，实现信息互换；缺乏移动端管理系统，不能有效发挥成本管理系统的真正作用。

6. 高校成本管理水平较低

目前部分高校教育成本管理水平较低，缺乏长远发展的战略成本管理思想。在成本管理目标上，片面强调降低成本，未能考虑到对高校发展规划和学科专业设置进行相关资源配置，缺乏提高高校的核心竞争力的长远规划。在成本管理过程中，缺乏科学合理的绩效分析指标和评价考评机制。

（五）高校教育成本管理的优化

1. 提高全体人员成本管理的意识

意识具有能动性，正确的意识可以起到促进客观事物健康发展的良好作用。由于公立高校特殊的单位属性，使得高校之间的竞争没有企业间的竞争那么激烈，因而也就造成了长久以来高校工作人员意识不够、动力不强的局面。然而，随着市场化进程的推进，高校再也不能像以前那样高枕无忧，要摒弃以前的旧思想，着力发展自身的核心竞争力。

对于高校的成本管理工作来说，高校工作人员的成本管理意识有着举足轻重的作用。因而，要想提高成本管理的质量，高校就应该加强工作人员成本管理意识的培养，可以从以下几个方面进行。

（1）加强高校全体工作人员成本管理意识的培养与宣传

对于高校来说，成本管理不是一两个人的事情，而是关乎学校全体人员的大事情，成本管理的效果影响着高校未来的发展。

（2）加强教育成本控制的监督力度，建立科学合理的考评机制

加强监督主要从内部和外部两个方面来考虑。外部监督主要指的是社会舆论以及政府机关的监督，而内部监督主要指的是学校纪检部门、全体成员以及政策法规的监督。有监督就有考评，有考核才会增强成本控制的意识。有的高校的考评机制主要针对的是教师的教学、教辅活动和学生的学习生活，缺少关于成本控制的考评机制。高校要想真正增强全体工作人员成本控制的意识，要具体问题具体分析，充分考虑每一类人的实际情况，建立不同的成本控制考评机制。比如根据各个阶段学生自习人数的不同，在高峰期和低峰期适当增减自习室开放数量。也可以在全校内推行会议室有偿使用的制度，会议室不再是某个学院或者某个部门的，由学校统一调配管理，针对每个学院的实际情况核定一个标准使用基础数，超过标准的收费，这样可以减少不必要的会议，节省会议成本以及相关的水电费成本。

（3）充分调动全体人员主动思考合理节能的积极性，集思广益

高校是人口密集区，资源消耗总量相对较大。鉴于此，从以下几个方面进行分析。用能单价方面：高校能源管理部门应当准确预估学校年度用能量，与市政供能部门达成直购电协议，降低电价成本。能源设施方面：高校应完善年度节能规划计划、完善能源计量设施，通过数据统计、分析，及时发现用能异常信息，并将问题及时传递给区域能源负责人，立即对用能异常问题进行跟踪解决，减少能源浪费情况。与此同时，高校能源供应与环境保护等相关专业的师生应根据学校设备现状，积极分析先进设备投放的实用性，如楼道内安装红外线人体感应灯，校园内的路灯升级为太阳能路灯和热水房采用太阳能热交换系统等，到学校后勤部门给出合理化建议，为高校年度节能措施的实施提供有力参考。成本管理方面：高校首先应对学校用能区域和设备进行划分，明确各区域的管理内容；其次推行目标责任制，对管控内容进行划分，责任到具体人。各级人员针对管控内容编写节能培训材料，对区域相关人员进行培训与抽查。最后，区域成本管理负责人按照计划定时开展节能检查，针对发现的问题进行分析、跟踪与解决。增强技术与人员意识，达到全员参与、全面控制的目的。

2.优化管理队伍,建立部门沟通协作机制

管理体制、管理制度、管理手段最终的落脚点都是人,管理制度需要人执行,管理系统由人使用,管理工作由人完成,把每一名成本管理人员汇集起来就是一支管理队伍。由于成本管理具有责任重、制度规定多、程序多等特点,具体工作比较烦琐,业务能力要求相对比较高。只有建立一支素质过硬、责任心强、耐得住性子的管理队伍,才能管理好高校成本。

优化管理队伍,主要优化以下几个方面。第一,优化管理人员结构,降低兼职管理人员比例,提高专职管理人员比例。第二,优化培训,首先要优化培训内容,培训内容应包含国家政策法规、高校制度规定、具体业务流程和先进典型案例;其次要优化培训方式,在定期会议培训的基础上,增加个别培训,主要针对对业务不熟悉的成本管理人员以及新进管理人员。第三,建立考核、奖励制度,提升成本管理人员的存在感、成就感,激发工作的积极性、主动性。成本管理人员属于幕后工作者,很少进行宣传、评比,干得好没有褒奖、干得不好也没有惩戒,导致部分管理人员在工作中多关注入账、报账工作,较少重视日常的管理工作。通过奖罚能够推动其工作。第四,建立部门间沟通协作机制。部分部门间多为解决实际遇到的问题而进行沟通,缺乏经常性的沟通交流。职能部门间、职能部门与院系间、职能部门与统一领导机构间的沟通应是常态化的,一起学习新政策、分析管理现状、查找存在的问题、研究对策,这样才能使管理在实际运行中不断得到修正、完善。

3.加强对无形资产的管理

(1)提高高校无形资产的重视程度

首先,在高校无形资产管理过程中必须提高对无形资产的重视程度,提高高校和教职工对无形资产的重视程度。可以在全校范围内开展无形资产讲座,讲解无形资产的构成、知识产权的保护等内容,在校内形成对无形资产、知识产权保护的意识。

其次,要进一步加强无形资产的保护力度。无形资产的流失,既有历史遗留原因,也有内部管理不善的原因,但无论什么原因,只要发现高校无形资产流失,必须积极利用法律的武器,合理维护自身的权利,确保高校无形资产得到妥善的保护,对侵权现象依法进行妥善消除,有效加大无形资产的保护力度。

最后,高校无形资产的重视必须依靠全体教职工的共同努力,教职工要对自己的科研成果负责,积极进行登记,合理维护自身的科研成果。

（2）完善无形资产的处置和管理制度

解决无形资产的管理弱化问题，首先应尽快完善制度，明确无形资产管理责任，在无形资产的产权方面做出明确的界定，明确科研成果的比例，确保权责清晰，既要保证无形资产安全、完整，也要保障发明人的权益，保护教职工开展科研活动的积极性；明确科研成果转化的具体流程及无法转化的无形资产如何处置；明确发生产权纠纷时如何处理，既要保证高校科研成果不受侵犯，也要防止侵犯他人的科研成果；明确涉及校名校誉的事项由谁审批、如何监管、如何收回，一旦发生影响校名校誉事件如何处置等。其次要加强制度的落实与执行，做到监督检查常态化，确保无形资产管理责任落到实处。

（3）进一步加强无形资产的核算与评估

在实际管理中要加强无形资产的核算与评估工作，合理反映无形资产的价值。

首先要确定无形资产的核算方法，是按照成本核算还是按照评估价值核算。在无形资产形成后要及时办理入账手续，并根据无形资产的性质、权属年限等合理确定摊销年限，准确记录在会计账簿中，并按确定的摊销年限进行摊销，准确反映其价值。其次，还必须要加强无形资产的评估工作，尤其在科研成果转化、处置时必须进行评估，这样就可以确定其真实价值，真正体现无形资产的价值，保证无形资产的安全、完整。

4. 完善成本控制流程

一般企业往往追求的是成本最小化，而高校教育成本控制主要目标是高校教育活动过程中发生的所有支出和费用，围绕如何实现服务和产品最大化来进行成本问题分析。根据教育成本控制所处时期的不同，可以将高校的成本控制过程严格划分为事前、事中和事后3个阶段，这3个阶段共同影响着高校教育成本控制的总体进展，任何一个阶段都是必不可少的。建立和完善成本控制流程是一个长期积累的过程，在实施的过程中，要发现问题并解决问题，才能不断推陈出新，真正形成适合高校自身特点的控制体系。

5. 加强成本核算管理

成本核算既是成本控制的基础，也是成本控制的保障，只有加强成本核算管理，才能更好地保证成本管理的效果。目前，促进高校有序发展迫切需要推进建立健全成本核算与成本管理体系的进程。2019年开始实施的《政府会计制度》和2021年开始实施的《单位成本核算基本指引》虽说对高校成本核算的相关理论内容进行了权威界定，但是没有结合高校自身特点的会计制度。因此，高校迫切希望财政部能够早日出台结合高校自身特点的成本核算具体指引，这样能够在根本上统一成本核算的具体过程。然而，出台高校成本核算的具体指南并非易事，财政部可以先征求各类高校的意见，然后集聚实务界和理论界的权威人士合力建成课题组，共同著述高校成本核算的具体指引和应用案例。

由于2021年基本指引刚刚开始实施，目前还没有成功的实施案例。值此之际，可以根据各高校成本核算基础工作的现实状况评选出两三家试点高校，并委派专业技能指导人员常驻试点高校推进高校成本核算工作的进程，做到专业人员和实务人员强强联合，在实践中发现问题并解决问题，进而根据实践经验，合力出台更切合高校实际情况的成本核算具体指引和应用案例，以期能够为其他高校的成本核算提供借鉴意义，从根本上助力成本管理。

三、高校财务绩效评价

（一）高校财务绩效评价概述

1. 高校财务绩效评价的概念

财务绩效评价是针对一个组织、企业财务部门进行的绩效评价，评价的内容是各类财务报表和账务往来，对组织的财务情况进行衡量。

高校财务绩效评价是指运用特定的评价指标、合理的评价标准、科学的评价方法，对高校财务行为过程以及结果进行科学、客观、公正的衡量、比较和综合评价。

2. 高校财务绩效评价的特点

（1）目标的多元化

对于高校来说，其内部组织、部门比较多，业务交互也较为复杂，这种多元化的组织特征使得绩效考核更为困难。通常来说，绩效考核的首要步骤是对组织的目标进行明确，对部门内部进行目标细化与执行。对于高校来说，其经营目标是在正常运转的基础上，为社会培养更多的、更好的人才；需要利用合理的方法，筹集更多的经费，进行更多的软件、硬件方面的投入；需要做出更多的科研成果；需要将教育资源向社会开放，为社会服务等。由此可见，高校的目标是多元化的，这就为高校财务绩效的评价带来了一定的困难。

（2）产出难以量化

对于一般企业来说，其产出通常有具体的产品和服务，产品的质量和服务水平有既定的参考标准，容易量化。而对于高校来说，其产出结果比较复杂，不仅包括人才，也包括科研成果、教育资源等。有些具有无形性，难以用数值具体衡量。因此，在进行财务评价时，很难以具体的数值进行定量分析。

（3）指标与评价标准的模糊性

在具体实践中，因为高校的产出难以量化，很难定义高校培养的毕业生是否为人才，对社会的贡献是多少等，因此对其绩效指标的界定十分模糊，难以具体化。这也为绩效评价体系的建设带来一定的难度。

3.高校财务绩效评价的原则

（1）客观公正

在对高校财务工作与贡献进行评价时，必须以当前工作完成情况和实际数据为依据，不得出于任何目的擅自更改或虚报数据。

（2）平衡量与质的关系

高校财务绩效评价既不能单方面考虑数量，也不能仅重视质量，要统筹数量与质量的关系，实现质量与数量的平衡。

（3）以人为本、激励发展

尊重财务工作者的地位，鼓励他们全身心投入各项工作，引导自主学习与实践。

（4）综合评价

针对不同财务科目的工作特点，根据相应的绩效标准和要求进行综合评价。

4.高校财务绩效评价的相关理论

（1）企业能力理论

企业能力理论分为资源学派和能力学派两大派别，既相互独立又互为补充。资源基础学派认为企业内部资源与外部资源相比，获取竞争优势更具意义。企业的竞争优势来自内部的专有资源，并且企业有内在动力保持不断形成、利用优势资源。能力学派认为企业拥有的关键技能和隐性知识，是企业的一种智力资本，是企业决策和创新的源泉。企业能力理论所强调的内部专有资源和核心能力，有助于将高校财务绩效评价的一部分注意力集中在内在自身资源与能力指标的评价上，有助于探索高校资产、人力等因素的绩效评价。

（2）利益相关者理论

利益相关者理论是伴随着现代商业社会的形成而确立与发展的，在英美等国，企业控制理论具有外向性，即企业治理由外部控制，这与一切为股东服务、以股东马首是瞻的理念有所不同。利益相关者理论的核心观念认为，所有企业的经营都与利益相关者息息相关，这些利益相关者不仅包括股东与债权拥有者，还包括地方政府、消费者与员工、产业链其他商家等。在公司运营过程中，需要对这些利益相关者进行综合性的考量，以达到维护相关利益的目的。该理念诞生以来得到广泛支持与应用。高校在财务管理中同样面临各个利益相关者。主要有校内财会人员、教师、学生、教学部门、行政部门、后勤部门以及上级主管部门、学生家长、银行和社会企业等。

20世纪60年代，美英两国的很多企业恪守外部管理控制的经营理念，并对该理念进行了持续的改善，最终利益相关者理论被提出和发展。其中弗里曼（Freeman）对该理论的定义进行了阐述。弗里曼认为，企业不是孤立地以利益至上、以股东利益至上的经济体，而是一个多边关系的经济体，一个企业越大，与之有关系的群体和组织就越多，包括消费者、股东、供应商、销售商、员工、债权拥有者等。他们的生活与工作与某企业相关，而某企业的经营也与他们息息相关。一个企业的经营结果与其利益相关者的共同作用分不开，如大家努力，则容易成功；如大家都不努力，则容易失败，体现了不同资源的整合。该理论就是从这个角度出发，指出企业治理结构和其利益相关者的合力有关。他们从不同角度，对公司产生一定的影响。比如员工努力工作有益于企业的经营发展，而员工消极怠工则损害了企业的利益；消费者的反馈有助于企业找到问题并解决；股东的放弃会对企业造成一定打击等。由此可见，企业在进行一些决策时，需要对利益相关者进行多层面的考虑。从这个角度来说，企业既要维护自己的权益，也需要考虑利益相关者的权益。

对于高校的财务绩效评价来说，利益相关者理论有如下价值。

首先，该理论可以梳理高校管理的各种工作，划分不同部门之间的责任，进行效益衡量等。不同的利益相关者将基于自身诉求提出见解，但他们之间是有矛盾的，因此他们追求的绩效的维度也就不同。在进行绩效评价指标设计时，需要对其进行利益最大化地设计，以平衡他们之间的利益诉求。

其次，对于高校来说，其财务绩效管理是十分系统的，也是相对稳定的，这就需要教务部门、各个学院、实验室、体育馆、图书馆等利益相关部门之间拥有系统化的关系，需要它们将责任理清，同时也需要和社会，和政府，和家长群体，和投资方等建立责任关系。

（3）委托代理理论

委托代理理论认为，委托代理关系的产生是由于生产力的发展和大规模化生产的演变。出现这一现象的原因一方面是生产力的发展进一步细化了劳动分工，权利人因为自己个人的原因不能行使一切权利；另一方面，随着专业化分工的进行，衍生出了代理人的职业，他们有着专业知识，具有行使代理人权利的能力。然而，在这种关系当中，由于两者具有不同的追求目标，委托人追求自己的财富的最大化，而代理人追求工资补贴收入、奢侈品消费和休闲时间的最大化，这必然导致两者之间的利益冲突。在缺乏有效的制度管理的情况下，代理人如果做出错误的决定，最终可能损害委托人的利益。委托代理的关系在任何领域、任何国家都是普遍存在的。

依照委托代理理论，高校里的委托代理关系是存在的且具有多元化的特点。政府对高校进行委托后，高校通过社会服务、教学、科研等形式去实现政府的委托目标，履行社会职能。这样一来，政府和高校就存在委托代理关系。高校接受了政府委托后，将目标任务分发到各个二级院系，二级院系接收到了高校的任务，从而进行教学工作和科研研究，因此高校里的二级院系同高校之间同样存在委托代理关系。二级院系把从高校接收到的目标任务分配给院系的老师，使得二级院系同教师之间也存在委托代理的关系。因此，在这种情况下，高校里建立起了多样化的委托代理关系。明白高校委托代理关系将有利于设计合适的高校院系财务绩效指标，为指标的选取提供参考。除此之外，更值得注意的是，指标的选取要抓住那些可以评价代理者的财务绩效，得出的结果才能更好地为委托者提供参考和意见。

（4）公共产品理论

公共产品理论是一个经济学术语，最早提出公共产品概念的是德国人理查德·阿贝尔·马斯格雷夫（Richard Abel Musgrave）。公共产品是指具有非排他性和非竞争性的物品。所谓非排他性，是指个人在认同某事物时，不能阻止别人不认同，即你喜欢某个产品，也得允许别人讨厌该产品。所谓非竞争性，是指在某种条件下，个体在消费某产品时，不会对别人的消费行为造成任何影响，即对他人消费的边际成本的增加值为零，由此反映了该产品的不可分割性。多了若干消费者，既没有提升其可变成本，也没有改变其边际成本。若一个产品同时拥有上述两个性质，就认定其为纯公共产品。若某产品同时拥有排他性、竞争性，则认定为纯私人产品。由此可见，现实中严格具有公共产品属性，或者严格具有私人产品属性的产品非常稀少，生活中大多数产品为准公共产品，其性质介于两者之间。

在这种理论下，公共教育是公共产品，大学教育是准公共产品。高校因为其重要性，由各级财政部门给予一定的补贴，对图书馆、体育馆、实验室等投入一定的财政支持。随着高等教育水平的提高，其私有属性的比重开始加大，促使社会组织、社会企业等与政府一起共同成为高校的投资者，因此将大学教育视为准公共产品。这就需要高校在进行财务绩效评价体系建设时，考虑公共产品理论下投资多元化的问题。另外，对于公共产品价值的衡量，政府和财政部门也会有所考量，会对高校的财务绩效进行监管。

（5）第三部门理论

第三部门是指非营利性组织，也就是社会公益组织，比如联合国、世界卫生组织等。第三部门理论的代表理论有政府失灵理论、合约失灵理论、慈善理论、自利理论和其他理论。

政府失灵理论指出，个人对公共物品的需求在现代化社会中不能完全得到满足的原因在于相关部门在提供公共物品时会浪费和滥用。因此，公共支出金额较大，支出效率不高，政府针对性工作和对应措施手段实施效率低下。慈善理论认为，非营利组织企业家贡献出自己的产品完全是出于利他动机，也就是通过慈善行为来实现其企业家的目的，为企业和个人带来良好的声誉和社会地位。自利理论把捐赠行为看作是自利行为的一种表现，捐赠行为使捐赠者像营利性组织的利益相关者参与公司治理一样，这种情况下，捐赠人有动机实施捐赠行为。

高校从性质上看，属于事业单位，具有如下特色。第一，从事涉及人民群众公共利益的服务性活动；第二，不以营利为目的，经费来源需要财政支持；第三，高校是组织机构而不是个人，能够独立承担民事责任。

高校受政府领导，以政府投入的财政资金为支撑，开展教学、科研与交流活动。根据第三部门理论，高校要特别注意资金是否使用到位、资源是否存在浪费和滥用情况、公共支出规模是否合理、服务质量是否达标、高校是否收获了良好声誉等，这些都可以作为高校财务绩效评价体系指标设计的思路。

5. 高校财务绩效评价的方法

（1）层次分析法

美国学者 T.L. 塞蒂（T. L. Saaty）在 20 世纪 70 年代提出了层次分析法，在当时被公司的决策层所采用，用于各种决策的编制和执行，将所编制的决策进行排列，选择最优的决策。

详细地说，在层次分析法中，首先将各种复杂的问题进行量化处理，将问题设计成一个指标，其次把这个指标进行逐一细化，对每个细化后得到的因素赋予权重，最后核算每个指标的重要程度，根据重要到不重要的顺序排序。层次分析法也被称之为 AHP 法。

在高校财务绩效评价中，层次分析法仅仅是其中一种评价方法。其优点是显而易见的，即非常具有实用性，简单且容易理解，没有复杂的概念信息左右人的判断；缺点同样明显，即无法给使用者提供一种全新的措施，没有太多定性的分析，因此其分析结果的可信度有待考核，所赋予的权重值不够精确化，也难以让人信服。

（2）关键绩效指标法

关键绩效指标法的逻辑性较强，其根据企业的具体特点，将其工作流程视为一个通道，从入口和出口处分别设置几个参数，以衡量这些参数的方式达成衡量工作效益的目的，这样就将企业的整体性目标一步步拆解成具体化的目标。关键绩效指标法来自一个十分流行的管理学规则，即"八二原理"，该原理指在组织中，二成的人创造了八成的效益，而其他八成的人创造了二成的效益。在这样的假设下，我们需要对这能够创造80%效益的20%群体视为关键群体，把他们的工作视为关键工作，以此找出绩效的核心点。

（3）目标管理法

目标管理法最早提出者为美国人德鲁克（Drucker），其将该理论写入自己的书《管理的实践》，认为组织的经营要围绕目标开展，在具体的落实中，通常由上下级员工一起确立经营目标，同时规划在一定的周期内完成目标，获得一定的奖励。

（4）平衡计分卡

平衡计分卡，英文名称为 Balanced Score Card，是20世纪90年代美国人罗伯特·卡普兰（Robert Kaplan）与大卫·诺顿（David Norton）最早创建的，以期能够改变当时以财务为核心的绩效衡量方式，更好地改变组织的管理能力和成效。该模式一经提出就获得了极大的反响，受到了业界的追捧。在随后的二十余年中，社会经济的发展更为迅速，一些企业团体的发展更是翻天覆地，而平衡计分卡成为他们首选的绩效评价模式。

平衡计分卡最主要的思路是把一个企业的整体战略从时间和空间上进行细化，即分成各个时期、各个部门甚至各个员工的工作计划。平衡计分卡有助于企业构建"实现战略导向"的绩效管理模式，可以确保组织的各个层面都了解长远目标，促使各部门采取有利于实现战略目标的行动，并将部门、个人目标和企业的长期战略联系起来。平衡计分卡受到越来越多的企业管理者的欢迎。

（二）高校财务绩效评价中存在的问题

1. 评价指标设置缺乏系统性和层次性

作为一个完整的高校财务绩效评价指标体系，评价指标的设计要遵循系统性、层次性的要求，进行充分而科学地分析。各指标之间要有一定的逻辑关系，它们不但要从不同的侧面反映出高校财务绩效的内涵，还要反映高校财务绩效管理的目的。每一个维度都要由一组指标构成，各指标之间相互独立，又彼此联系，共同构成一个有机统一体。同时，指标体系的构建要具有层次性，自上而下，从宏观到微观层层深入，形成一个不可分割的评价体系。

当前，部分高校财务绩效评价指标体系的设置缺乏层次性和系统性，指标的维度划分不均，没有建立起一个有着清晰维度的财务绩效评价指标体系，财务绩效考评的结果相对混乱。指标的建立应根据系统的结构分出多种层次，在不同的层次上再对指标进行分类，这样建立的指标才能结构清晰。因此我们需要一个更加系统的体系为高校各学院的财务分析提供所需的各类指标，拓展分析的广度和深度。

2. 部分能力指标设置缺失

部分现行的高校财务绩效评价指标设置存在着"重投入，轻产出""重使用，轻效益"的现象，评价指标中往往缺少产出效益的指标。这些财务绩效评价指标并不全面，只关心了高校的投入情况，未能关心高校的产出情况，并不能完全评价高校的财务绩效。作为一套复杂系统分析方法，高校财务绩效评价指标应从多维度、多渠道全面反映院系的财务绩效，全面客观地反映高校院系办学输入与输出的关系。

3. 财务绩效评价缺少系统化的制度支撑

当前，部分高校财务绩效评价指标的系统性和关联性不明显，考核中的保障工作基本处于空白，没有保障制度，也没有负责保障工作的具体部门。学生和部门之间的沟通几乎不存在，高校无法更好地结合学生发展以及整体战略进行考核指标的编制。对于财务绩效评价工作而言，必须要有科学的制度作为支撑。财务绩效评价上如果没有制度提供保障，绩效完成数量和质量的跟踪分析也不到位，高校无法结合市场需求进行考核指标的完善，导致财务绩效评价流于形式。

4. 财务绩效评价过程中欠缺科学的财务绩效反馈机制

财务绩效反馈机制的缺失也是高校财务绩效评价的不足之一。部分高校人员对当下的财务绩效反馈机制存在很大的抵触心理，非常不认同，现有的绩效反馈标准明显难以推动教师积极参与财务绩效的考核工作。

5. 财务绩效评价过程中缺少沟通

部分高校在编制财务绩效考核方案的时候，考核者和被考核者的参与度非常低，导致后半部分的绩效考核方案的执行并未落实到位，考核人员在没有和教师进行事前沟通的前提下进行考核，无法赢得教师的支持和认可，导致教师产生一种领导关怀缺失的感觉。在沟通上，考核人员不及时结合考核结果，与被考核的教师进行及时沟通和反馈，就工作不到位之处提出解决方案。在考核之前也未对考核内容、过程和指标以及意义等和被考核的教师进行沟通，导致考核遭到教师的排斥，考核结果不理想等。

6.缺乏有效的财务绩效评价激励机制

目前，部分高校没有建立相关的财务绩效评价激励机制，财务绩效评价没有得到深度的运用，造成"评价与不评价相同、绩效好坏与之无关"的尴尬局面，减弱了高校协同参与财务绩效评价工作的积极性与指导性，使得财务绩效评价结果流于形式，难以推进财务管理工作的开展，降低了资金的使用效率，削弱了财务绩效评价工作的权威性。

7.缺乏战略导向

高校进行财务绩效评价，最终目的是让教师对自己在工作上的表现和态度进行反思。要想达到这个目的，需要高校明确战略导向。从整体上分析可以发现，部分高校虽然有整体发展战略，但是却没有具体到各个部门和时间段中，发展战略过于宽泛，导致高校财务绩效评价的建设没有方向做指引，无法保证考核目标的实现。

（三）高校财务绩效评价的优化

1.高校财务绩效评价构建的原则

（1）科学性原则

在设计财务评价指标时，为确保评价指标的实用性和可操作性，需要对评价的内容进行综合考量，同时更要对各指标进行细化并进行合理性论证，评价指标的设计与建立要将想要得到的评价效果与高校的财务绩效实际情况相结合，财务评价指标应当符合高校财务的优化目标。这类将理论性指标与实践要求相结合的原则可称为科学性原则。

坚持科学性原则必须本着实事求是的态度，对评价指标进行量化，同时理性看待评价过程中潜在的问题。因此，高校财务评价指标的建立，需要准确把控该高校实际财务绩效目标，对客观存在的评价对象等进行准确评价，并要求将评价指标融入经济原则；要加强各指标间的对比评价，选出典型的指标细则作为考量；不同的指标不要存在交叉问题，要全面体现高校财务绩效的内在特征；要有详有略，组建完备的评价体系；要依据政策，提高评价的准确性和权威性。

（2）定量定性相结合原则

定量评价是衡量绩效的一个重要方面，这种指标的计算结果非常直观，便于进行比较。然而，需要意识到，定量的指标数据都是从财务报告上获取的，这些数据属于历史性的静态数据，其实是一种属于短期绩效的计算，这容易引发管理者的投机行为，对高校的成长有负面影响。因此在评价高校财务绩效时应该将传统的定量评价与定性评价相结合，使用非财务指标对评价后的结果进行进一步确认，去纠正进行定量分析后结果的偏差，使最终的高校财务绩效评价结果更为客观、公正。

（3）可比性原则

在高校财务绩效评价过程中，应当依照可比性的要求，对指标进行调整、比较。横向比较的是经济主体，纵向比较的是不同时期时间点。高校财务绩效评价指标体系的构建，要以财务绩效为前提，及时核算与评价。此类评价需要在比较中获得相互的情况，有些优势、劣势只有这样才能更容易表现出来。对于高校而言，要加强各个指标间的通用性研究，要加强可比性研究，确保能够在科学的发展范围内形成可行性对比，最终确立切实可行的评价方案。

（4）整体优化原则

要想使评价指标的设计内容十分丰富，就需要评价理论与评价实践相结合。要结合各类理论，如经济发展理论、管理理念及行为理论、财会理论等，要对客观问题进行客观认知，要深入到社会实践中，经过多重调查与论证方能够有比较确切的结论。如果不能建立多重化、层次化的评价指标体系，即便用通用的评价指标分别进行评价，结果也欠缺侧重点，准确度不高。因此，高校财务绩效评价指标既要顾及整体性，又要体现个性化，有评价的重点。这也是评价整体优化的必然需求。

2.高校财务绩效评价优化的建议

（1）推行有效的财务绩效激励机制

第一，依据高校财务绩效评价结果，实行问责制度。这一措施能激发高校工作人员的积极性。目前，部分高校财务绩效评价在实施上并没有将责任分摊到个人，存在着相互推诿的情况。落实问责制，实行责任到人的制度，能够防止发生职责不落实、行政不作为、管理不到位的现象，这样的话，评价结果就能得到合理的利用。高校是一个非营利的组织，为了实现高校的社会价值，帮助高校提高自身办学效益，提高政策的合法性和透明度，提高学院的办学质量，需要提高高校财务绩效评价结果的利用率，使评价有效进行，符合高校财务绩效评价的目的。将高校财务绩效评价结果和高校领导以及相关人员的奖惩相结合，责任到人，使大家意识到评价是高校每个人的事情，促进高校财务绩效评价结果的规范化。

第二，将高校财务绩效评价结果和二级学院奖惩相联系。首先，给财务绩效评价结果评分较高的院系领导和相关人员颁发适当的奖励，予以激励。同时，对财务绩效评价评分较低的院系领导要采取一定的惩罚措施，刺激相关人员不断改进工作，积极努力提升各院系财务绩效。这样就能改善高校财务绩效，并提高高校的整体办学质量。

第三，扩大奖惩范围。让财务绩效评价结果成为高校拨款的依据之一。高校的财务处和预算处可以依据财务绩效评价结果，实行差异化拨款，将院系的预算同院系财务绩效评价结果相联系。假如院系的财务绩效评分排名靠前，就能增加院系下一年度的拨款，反之，减少拨款。实行这样的奖惩将会使财务绩效评价结果起到实质性的作用。

（2）提升财务人员的工作能力

首先，观念上尊重现代信息技术的发展，引导财务人员适应会计环境网络化的大趋势，将传统的会计理论、实践和模式向会计信息化转化，提高高校老会计人员学习新知识和新会计人员学习、钻研会计业务知识的积极性。其次，制度上明确校内财务工作责任，做到"人人有工作，工作有职责，职责可落实"，从时间、完成度、责任规范等方面改进高校的财务工作制度，所有财会人员要结合工作实际，制定岗位责任目标，遵守约束条件，签订责任状。另外，高校需加大财务人员的培训力度，引导他们自学，培养财务人员良好的职业道德，把工作视为自身的一种需要和自我价值的体现。如果高校条件允许，可以尝试财务岗位轮换，提高财务人员综合素质及对学校财务特点的认知，尽可能领会和掌握各业务环节和整个财务处理流程，避免工作倦怠感，拓宽会计人员的知识面。最后，善用"竞争择优上岗"的理念，实施激励和约束机制，改革选人、用人制度，通过奖优罚劣，使每一位财会人员有一种压力、紧迫感，促使高校财务人员不断提高文化知识水平和提升业务技能。

（3）加强监管力度，确保财务透明化

当前，高校经费收入的途径越来越多，结合财政拨款和学费收入进行分析可以发现，这些数据是公开的，高校有必要将这些数据及时公布在布告栏、学校官网等媒介上，以得到来自全校和社会的监督。对于科研收入来说，具有一定的非透明性，需要高校财务部门人员进行多方面的信息监管，并接受来自全校人员和社会群众的监管。作为准公共产品，高校教育是为社会服务的，因此全社会都有权利去监管。相对于收入，财务支出更为复杂，高校的财务支出不仅包括教师、后勤、管理等岗位的职工工资和福利的发放（该项目容易接受监督，有明确的数字支持），还有设备的投入、建筑的修建、教育运营日常开销等，这个过程很容易滋生暗箱操作，需要进行多方面的监管。

部分高校近年来发展迅速，而财务部门的工作能力的提升却难以跟上高校发展的脚步，跟上高校财务复杂化和难度提升的速度。对此，高校的管理部门可以对高校财务信息公开工作给予一定的指导，对相关的财务监管工作做出一定的规范。

（4）提高资金使用效率

主观上建立"开源节流，增收节支"意识，对资金实施跟踪管理，做到专款专用，层层落实，严格把关。在资金分配环节，先保证资金富足，能满足高校日常经营需求。在此基础上，适当增加教学、科研资金投入，降低闲置资金比重，规避浪费，合理规划高校现有资金支出结构，尤其是流动资金和固定资金之间的比重，实施有效的资金管理。在账目管理方面，加强固定资产、无形资产、存货及应收账款管理，建立健全内部控制制度，掌控采购、领用、报废阶段，堵住漏洞，避免资金停滞。同时，调研评定合作者信用等级，建立关联者信用档案，定期核对应收账款，控制账龄。

第三节 高校财务管理信息化

一、财务管理信息化

随着经济飞速发展，财务工作内容发生了重大的变化，不再是传统的记账和核算工作，而是报表分析、财务预测、预算管理、财务监控等更加复杂的工作。财务管理系统的出现，提高了财务工作的效率，更多的企业通过信息化建设，对企业进行财务管理。

财务管理信息化是将企业各个部门的业务通过系统软件整合到一起，财务部门可以对各项业务进行把控，做到事前预测、事中监控、事后结算、业务分析，保证项目资金的安全与真实性，做到业务过程的透明、公开，降低财务风险。通过财务数据汇总，提供可视化的财务分析报表。

财务管理信息化可以理解为 30% 靠技术，70% 靠管理，不是简单地运用计算机进行计算的过程，而是企业流程重组的一个过程。会计信息化孕育出财务管理信息化，财务管理信息化并不是想象中多引入几台电脑设备，架设几条网线就可以做到的，而是需要把信息技术充分融合到传统的财务管理中。

综上所述，财务管理信息化可以定义为依靠信息化技术，对资金、成本、信息、业务等与财务相关的数据信息进行汇总、整合，并且运用计算机设备和网络通信等信息技术手段，对财务进行管理和控制。

经济环境的改变与日益激烈的市场竞争促使企业需要采用先进的管理思想进行科学的管理。目前一些企业管理宽松，内部控制不到位，甚至财务数据不准确，粉饰报表的情况在我国很多企业里经常发生，这更加凸显了科学、规范、高效管理的重要。

二、高校财务管理信息化

（一）高校财务管理信息化的概念

《国家中长期教育改革和发展规划纲要（2010—2020年）》明确指出信息技术对高校的重要性，高校教育发展离不开信息技术的支持。高校应充分利用信息化技术，将信息技术与教育进行深度融合，实现教育资源共享，促进高校教育信息化变革。高校财务管理信息化建设是实现教育现代化的重要组成部分，高校财务管理信息化不仅仅能推动高校财务管理的改革，还能规范资金使用，有效降低财务风险，提高财务管理水平。

高校财务管理信息化是指以高校财务工作模式重组为基础，利用信息技术、数据库技术，实现高校财务活动信息的收集、分类、汇总，通过集成化管理和控制，为管理人员提供决算、预测、决策、监管等分析手段，保证财务活动合法合规以及资金的安全、真实，实现办学效益最大化。

高校财务信息化管理整合、重组了高校的财务管理活动以及由计算机软件、硬件系统和通信网络组成的信息技术，利用最先进的信息管理技术和网络技术，最终建立一个能够准确、充分、快速、高效提供财务信息的系统，使财务资源得到最优的整合。

高校财务管理信息化不是单纯的会计电算化的应用，而是计算机平台与财务管理的综合运用，是财务信息资源共享、业务联动的融合管理，其基本理念是以会计核算为基础，财务管理为核心，资金控制为重点，现代技术为手段，通过财务数据的高度集中，建立财务业务预测、监控、分析管理机制，达到强化管理、资金监控、风险控制。

（二）高校财务管理信息化的发展

高校财务管理信息化不是一蹴而就的，而是经历多年的积累和发展，随着信息技术的进步，慢慢地由最传统的手工会计记账发展演变而来。基于技术手段变迁的财务工作角度，我们可以发现高校财务管理由最初的手工记账管理发展到如今的财务管理信息化经历了以下4个阶段。

1. 手工记账时期

计算机在我国未普及之前，高校财务管理均采用的是手工记账的模式。早期各个高校的资金来源较为简单，人员、部门构成并不复杂，单纯的手工记账已经可以满足学校的财务需求。对高校的经济活动进行手工记账、汇总、分类，这也是财务管理的雏形。手工记账在我国发展多年，在我国历史上很早就有"账房"这个概念，延伸至现在也就是我们眼中的财务部门。

2. 会计电算化时期

随着社会的发展，计算机办公进入人们的视线，一些一线城市的高校已经开始使用计算机办公记账，原始的手工记账逐渐被计算机替代，也就是我们所说的会计电算化。这一时期，会计电算化和手工记账的内容变化其实不大，两者主要的区别在于使用记账的载体不同。会计电算化替代了传统的记账方式，通过计算机的计算，可以获得更加精准的数据，数据查找、汇总也更加方便。此时计算机并未在高校全面普及，高校的财务软件也很单一，功能简陋，市面上的财务软件大多数都是停留在模拟手工记账的层面，并且教职工、学生的行为习惯并没有及时转变，使用现金仍是主流，计算机的使用频率并不高，此时的会计电算化只是由手工记账转变为计算机记账，本质上改变的并不多。

3. 局域网时期

局域网时期是财务管理信息化的一个重要发展阶段，随着计算机的普及和互联网的到来，不少一线城市的高校已经建立起校园局域网，这一时期涌现出许多新的财务软件和专业的财务管理系统。局域网时期，计算机记账已经不再是简单的模拟手工记账，涉及的内容更加广泛、全面，财务工作的效率有了很大的提高。

这一阶段，财务管理信息化的发展具体表现为高校利用局域网，请专业的技术人员为高校量身打造统一标准的财务软件，从而使高校财务管理信息等多个系统都在同一软件中办公。大多数的校园经济活动的资金已经能够通过计算机来实现统计，并且能够实现内部人员之间相互传递数据，也可以多人协同操作。但是，局域网时期也存在的很大的局限性，即财务系统的信息和数据与外界的计算机无法做到互联互通，导致校园外部的经济业务难以融入，校园内部的财务信息难以共享。当高校需要对外使用财务数据时，仍然需要财务人员通过信息提取，外界才能看得到，并且不能够被外界的财务系统所使用。另外，局域网时期的财务软件之间衔接并不好，具有一定的封闭性，这一时期只能说计算机技术进一步完善了财务管理。

4. 互联网时期

随着互联网的发展，网络信息化时代的到来，移动终端的发展，无论是资金流动的方式，还是支付方式都发生了翻天覆地的变化。对于高校来说，财务管理信息化已经进入了一个高度互联共享的状态，几乎所有与财务相关的工作都能通过互联网来解决，不再仅仅局限于高校内部。无论是高校内部各个部门之间，还是内部与外部之间，或者是校内的学生之间都能够完美对接。比如校园一卡通使用、学费缴纳等，都能够通过互联网来完成，既能够与其他的系统平台进行数据连接，也能够更加高效地进行数据处理、数据共享、数据分析等工作。

三、高校财务管理信息化的必要性与可行性

（一）高校财务管理信息化的必要性

随着社会经济的快速发展和国家对教育事业的大力支持，教育事业得到了蓬勃发展，高校规模不断扩大，生源剧增和多元化的财政收入给高校管理带来了巨大的压力，传统的财务管理模式已经难以满足信息化时代的业务需求。

传统的财务系统并不能与人事、科技、教学、学工、资产、后勤等系统进行交互和信息共享，高校财务管理信息化正是要解决这一问题。对于财务管理而言，财务数据是极为重要的内容。数据交互中心的数据更加丰富和具体，为全面直观地了解高校的运营现状，为高校财务管理提供了极具参考价值的数据，对于高校的发展有着重要的意义。

当前高校财务管理存在如下问题，使得高校财务管理信息化迫在眉睫。

1. 财务信息沟通不及时

部分高校在当前财务管理模式下，财务部门发布信息的主要方式为财务处微信公众号、财务部门QQ群、学生QQ群以及校园官网公示，接收信息反馈的渠

第三章　高校财务管理

道较少，主要有外界拨打财务处官方电话以及现场反馈等渠道，这种信息传递模式导致了一系列信息传递滞后的问题。虽然财务处可以通过各种渠道发布财务信息，尤其是通过微信公众号和官网发布信息较为方便且及时，但作为接收方的师生对于信息的获取主观能动性较低，除了 QQ 群中强制要求回复的缴费信息等，绝大部分财务信息都会被忽略。虽然官网与微信公众号有数据对接，但并不能在官网发出通知时自动推送至公众号，也会导致师生无法及时接收信息。而发布信息的财务工作 QQ 群只加了学校教职工以及部分相关人员，受众人员较少，信息传播较慢，同样无法及时传递财务信息。

2. 财务报账流程烦琐、效率低

高校属于非营利组织，非营利组织的性质将财务活动的核心基本确定为预算管理、财务收支管理等。对于高校来说，预算精细化的基本核心就是网上预约报账系统，部分高校构建了网上预约报账系统，精简了会计单笔业务的流程，突破了传统报账方式的约束，提高了财务工作效率。但由于网上预约报账系统投入使用时间较短，目前系统的运行流畅度还有待提高，软件搭建不够成熟稳定，数据连接不全面，在运行过程中还存在不少问题需要解决。

部分高校的财务业务办理仍旧是通过纸质审批，任意一个审批领导出差都将导致业务流程无法继续处理，往往签一个字，就得跑上四五次，在时间、空间上都给教职工带来了很大的不便，同时也降低了财务工作人员的工作效率。另外，还有部分教师对财务制度不了解，在办理业务的时候，经常会出现相关手续不齐全、原始凭证不符合要求或超过报销标准等众多问题，导致教师经常拿着报销单据反复审核，这样既耽误了审核人员和教师的宝贵时间，还降低了财务人员的工作质量和工作效率。

3. 预算管理体系不完善

预算管理在财务管理中有着非常重要的地位，在任何单位的日常工作中都有重要的作用，尤其是对高校而言，高校涉及的业务复杂、资金量大，做好预算管理是高校发展的基础。高校必须着眼于战略发展目标，从宏观的角度结合自身实际需求做好年度预算计划。

虽然部分高校的预算运用了部分信息技术辅助编制，但在执行过程中，信息化预算管理仍没有得到良好的实现。高校目前使用 Office 等办公软件处理数据，无法达到对数据的全面分析与测算，无法保证数据的对比分析能够及时准确完成。尤其是随着高校办学经费的增加，高校的预算编制不得不依靠投入更多的人力物力来解决预算系统信息化水平不高带来的问题,这使得高校办学成本增加,财务工作效率降低。

由于高校各个部门的预算编制人员对财务精通的程度和对学校的了解程度不一致,造成人员水平参差不齐。有的部门直接照搬往年方案,对新增的项目缺乏专业评定,容易造成部分不合理的预算资金。预算执行进度与经办部门的年底绩效考核挂钩,在每年年末时,会出现有的部门为了提高绩效考核评分而"突击花钱"追赶预算计划进度的情况。有的部门还抱着"先把钱申请下来,再管项目情况"的错误想法,在制作预算时将暂时无法开展的项目也申报上去,夸大资金需求,影响整个学校的资金使用效率。这些都将造成一定的资金浪费和资源流失,导致高校预算执行率不高,执行进度不合理等。

4.财务信息共享程度低

目前,在高校的财务系统的日常工作中实际使用的模块只有寥寥几个,且各个系统之间关联程度低,由各个部门独立管理。各部门在进行信息化建设时,没有从整个学校的宏观角度考虑,而是从部门自身的需求着手,导致模块之间的数据桥梁搭建不完善。比如教职工信息、科研情况、学生信息等都由各部门自行录入,其他部门在需要使用这些数据信息时,需人工提取核对。各部门之间的数据协调和共享程度差,且信息发生变化时,单个部门修改了信息,其他部门无法自动同步,各部门上传和统计数据的时间口径各不相同,对统一数据进行分析时有时还会产生不同的结论。财务信息查询软件不流畅,系统稳定性不强,访问量较大时经常出现系统瘫痪导致无法查询的情况,影响各部门办事效率。比如统计学生分类人数,不同部门根据不同系统导出的数据不完全相同。或者是月末统计资产时,财务处和资产管理部门的系统无法互通,需要人工耗费大量时间核对。由此可见,随着高校的各项业务越来越复杂,若不改进财务信息系统,往后需要增添的人力、物力会更多。若实现了财务系统软件升级,将各大系统的数据连接起来,可以节约大量重复性工作的人力成本,还能保障数据准确性,能够及时准确地反馈给领导,增强数据分析的可参考性。部门之间的数据共享能够影响整个财务部门的工作效率与数据的准确度,促进高校管理水平的提高。

财务部门作为财务信息管理的中枢机构,既要收集信息,又要负责汇总信息并向外提供数据。而在高校目前的财务管理过程中,其他部门以及教职工人员参与高校财务管理工作的方式较少,各个职能部门专注于自身职能,部门间相互独立,使得信息不对等的情况在财务管理过程中存在,造成各式各样的问题。教职工人员对学校的战略规划以及财务运行情况不够了解,而财务人员由于长期只跟经济数据打交道，对实际运行过程中的信息了解也不够充分，导致在数据分析和资源配置时容易出现"不接地气"的情况。在信息技术如此高速发展的时代，高校应该积极运用信息化技术做好信息共享，解决信息不对称的问题。一方面能够使全体教职工都充分了解本校的运行情况，另一方面也有利于财务管理部门在进行资源配置时结合实际经济情况，将传统的财务核算模式转变成信息化财务管理模式。

5. 管理机制不完善

随着我国教育改革不断深化，高校的运营方式也有了较大的变化，特别是财务方面的内容变得更加复杂。其资金来源不再是简单的财政拨款，而是变得多渠道、多样化。教育改革带来的新发展，对高校财务管理提出了新的要求，但是部分高校的管理制度仍然停留在过去管理财政拨款的制度上，没有改变，现有的管理机制难以适应教育改革的需要。

随着教育的改革，高校的招生人数越来越多，财务管理的压力也越来越大，财务管理对信息化的需求愈发迫切，建立财务管理信息化平台是高校发展的必然趋势。在5G来临的时代，急需利用信息技术对高校的财务管理模式进行变革，打破传统的资金流运作模式，重新对业务流程进行重组，实现预算、报账、科研管理、核算管理等业务信息化、共享化、可视化，为管理者提供决策依据，提高工作效率，提高财务管理水平，促进高校健康发展。

自2019年起，高校开始执行新的《政府会计制度》，新的会计制度明确了高校是一个会计主体，对预算、财务会计进行了权责分化，改变了之前单一的预算会计核算模式。新的会计制度的实施对高校财务工作的影响巨大，传统的财务管理机制无法满足新制度的要求。

（二）高校财务管理信息化的可行性

1. 法律政策的支持

为规范行政事业单位的财务管理，强化制度约束，近些年来国家出台和修订了《行政单位财务规则》《事业单位会计制度》《事业单位会计准则》《事业单位财务规则》《高等学校财务制度》等。随着教育金融体系改革的不断深化、社会关怀的增加、教育金融投资的急剧增加，教育资金管理工作变得更加突出和急迫。高校在财务管理过程中为了使财政资金得到最大化地利用，需要制定更加全面的预算，并且不断完善财政管理体系，同时还需要加强金融监管，防范金融风险，提高财务的信息质量。2015年，国务院印发《关于积极推进"互联网+"行动的指导意见》，为我国"互联网+"新常态的发展提供政策指导和支持，其中主要目标是为国民经济增长提供新的动力，同时大力支持"互联网+"传统行业的发展，形成国民经济增长新的动力。2016年11月，第十二届全国人大常委会第二十四次会议通过《中华人民共和国网络安全法》，该法律于2017年6月1日正式实施。此法律的颁布界定了各种网络相关风险和犯罪，以及让人民认识什么是安全的网络环境，这有助于推动我国互联网的健康、安全发展。同时，该法律的颁布为高校建设智能财务管理系统提供了更加良好的环境和保障，系统内涵盖的智能预算、智能报账以及交互平台、票据电子化、线上签报等功能都能在此环境下得到更大的完善和创新。

2.技术应用的成熟

随着世界经济的不断发展，经济全球化和信息技术越来越发达。在这种情况下，中国所能接收到的不仅仅只有本国的数据，还有世界各地的数据，这个时候大数据的诞生，就是为了更好地处理和分析海量数据。数据处理技术使得众多领域的工作获得极大的改善。尤其是在财务会计工作中，在处理数据时采用大数据技术，可以极大程度提高工作的效率，大大简化烦琐的重复性工作，有助于提高员工的工作效率和改善企业的发展状态。高校的不断发展也需要迎合当下这个大数据时代，利用现有的技术来形成更加高效、智能的财务管理系统。同时，当下市场财务软件智能化也应运而生，比如用友、金蝶、易飞等几款ERP软件，都是比较先进和在企业中普及的财务软件系统。高校可以使用这些软件，并结合自身财务特点，利用最新的RPA、OCR等技术建立适合自己的智能化、信息化财务管理系统。

3.技术的安全可靠

针对信息共享和互联网本身的开放性，如何保障财务信息的安全显得非常重要，财务管理系统智能化完成，后续要求信息安全保障，高校智能财务管理体系建设要将财务处理系统与其他系统相结合，使用数据库搭建数据间的桥梁，以官网、微信公众号等作为外围平台。核心数据库在数据共享的同时需要做好安全防范工作，这一目标可以通过外围平台使用软接口来实现，外围平台无法直接与核心数据库共享，保障了信息的安全。师生员工需要通过VPN登陆核心数据库，每个登录的人员都有自己独一无二的账号和密码，同时鼓励所有的教职员工和学生都使用相对安全的网络环境，例如校内局域网。校外访问需要限制相关时间和频率，并通过弹窗进行风险提示。信息中心和财务处为了预防网络崩溃，或者网页木马病毒攻击等特殊情况，采取配备杀毒软件、给所有校内电脑安装防火墙等措施来保障财务数据安全。

四、高校财务管理信息化的现状

现阶段，各高校在信息化社会的发展背景下，都在积极地推动教育信息化的发展，如推动校园信息化建设、校园数字化建设等。在推动高校信息化发展的过程中，为了最大程度地提高校园信息化管理水平，不仅要对原有的工作模式进行一定程度的变革，还要把每一个原有的管理系统利用起来，利用现代信息化技术搭建财务管理平台，使高校的各种财务信息实现融会贯通，如此就实现了优化校内资源配置与提高高校整体管理水平的目的。在高校信息化建设过程中，财务管理信息化的发展是必不可少的。目前，校内场所如餐厅、图书馆、体育场等都需要使用学生卡，即智能卡片，这种卡片不仅是学生身份的一种象征，还是学生便捷生活的一种方式，同时也提高了高校管理工作的效率，是一种推动高校财务管理信息化发展的方式。目前，国内部分排名靠前的院校均搭建了一站式网上服务平台，包括发放工资、申报预算、查询财务、缴纳学费和在网上报销等服务内容。

（一）财务管理信息化水平有待提高

高校财务管理信息化的建设和信息技术的发展较为同步，高校的财务工作已由传统的手工记账向信息化变革，但信息化的程度依然相对较低。目前，很多高校的财务管理信息系统仍是由具体独立的业务单元构成，还没有搭建统一的信息平台。线上报销、线上收入申报、线上经费查询、凭证影像化、网上审批等功能并不健全，手机端的相关应用还有待进一步开发。财务管理系统和其他部门信息系统的信息互连仍需进行研究和完善。

（二）对财务管理信息化不够重视

财务管理信息化是高校提高财务管理水平至关重要的一部分，是提高高校管理水平的关键，但目前部分高校对财务信息化的重视度不够。很多高校都在发展数字校园，把教学管理信息化作为发展重点，缺少对财务管理信息化的重视，并没有意识到财务管理信息化所具有的重要意义，例如一些高校的信息化只在账务系统、薪酬系统与缴费系统中实现，而预算管理、资金管理、资产管理等并没有全面实现信息化，财务管理信息化水平比较低。部分院领导对财务管理信息化建设认知不足，认为财务管理信息化就是安装几个财务软件。现有的财务管理模块主要是预算管理、财务核算，虽然能满足基本的预算执行、财务做账，但是各功能相互独立，与其他的管理系统数据不能互通，无法做到数据信息共享，存在"信息孤岛"。

（三）财务管理系统存在安全隐患

高校财务管理信息化建设是一个需要长期努力的过程，在实际运行中，高校的业务会发生改变，随时都有可能提出新的需求，这就需要不断对财务管理系统进行更新维护，在系统的升级改进过程中，网络安全性是极其重要的一方面。财务管理系统的安全性至关重要，当前，大部分高校的财务软件都依赖网络，这使得数据泄露的风险有所增加，例如预约报销、信息查询等，在使用过程中利用信息技术与互联网相连，是无法完全保证财务数据安全性的，一旦系统崩溃，就会出现丢失数据的可能，出现的故障也会造成财务信息的永久性丢失。一旦网络受到攻击或者破坏，财务工作就无法进行。另外，服务器的漏洞、缺陷或者是程序设计的不合理之处都可能对财务管理系统造成威胁。对于高校而言，校园数据庞大且复杂，财务管理系统破坏所造成的后果是无法想象的。维护财务管理系统的安全既要注重信息数据的储存，更要重视资金的安全。虽然在高校计算机上安装防火墙能够提高部分安全性，但在财务信息传递过程中，若是使用了其他介质、工具或者是财务人员疏于防范，使得计算机被木马病毒侵袭，将导致整个财务管理系统瘫痪。虽然财务部门条例中有不允许私自使用没有加密的U盘等介质的规定，但在实际过程中由于数据互通不完善，还是会存在不按规章使用的情况。高校信息技术的不成熟、信息安全意识不够均增加了财务管理信息化的风险。

（四）缺乏财务管理信息化专业人才

财务管理信息化赋予了财务工作更多、更全面的工作内容，相对应地也要求从事这项工作的人要拥有更多专业技能才能够胜任。信息化之后的财务工作不再是简简单单的记账，工作内容更广泛、更加全面，不是说具备了简单的电脑技能和网络知识就可以胜任，而是财务管理人员在意识上要具备大局观，不仅能够将信息化网络技术和财务管理工作巧妙地结合，更能够从全局出发，对经济活动做出准确的财务预算，对财务数据进行准确的分析等。

目前，许多高校专门管理财务信息化的信息管理科，仍以会计、财务管理专业的人才居多，虽然这些人的财务专业知识技能较高，但对信息技术相关知识缺少一定的了解，不能处理财务软件中与技术相关的问题，也不能为财务管理信息化的建设提出科学合理的建议。缺少既精通财务专业，又精通信息技术的新型人才，制约了高校财务管理信息化的发展。

五、高校财务管理信息化建设

（一）高校财务管理信息化建设的理论基础

1. 信息不对称理论

信息不对称理论是由乔治·阿科尔洛夫（George Akerlov）、迈克尔·斯彭斯（Michael Spence）和约瑟夫·斯蒂格利茨（Joseph Stiglitz）三位美国经济学家提出来的。该理论可以概括为在市场经济活动中，往往由于信息的不对称造成一些不平等的现象，通常是掌握信息较为充分的人员在市场中处于优势地位，而信息掌握不够充分的人员在市场中处于劣势地位。比如，在经济交易活动中，卖家总是比买家掌握该产品的信息更加充分，卖家清楚售价保持在什么范围内可以盈利，而买家往往对这个产品的来源、成本等因素不太了解，因此就会花费高于该产品成本价的金钱去购买此产品来满足自己的消费需求。在市场中，政府的宏观控制可以弥补一定程度的信息不对称对经济造成的危害。股市价格变动、商品促销等都是该理论的体现。该理论应用较为广泛，从传统的农业市场到比较前沿的金融市场等很多行业领域都适用。

高校的财务信息只有本校财务部门的人员才知道，甚至只有财务部门领导才有详细的财务信息，其他职能部门很少有关于财务的相关信息，教职工更是知之甚少。造成这种现象的原因是一方面高校的组织架构，各级部门都是平行管理，部门之间相互独立；另一方面，财务处缺少与其他部门积极沟通，导致各部门获取的财务信息量不同。这种信息不对称现象造成高校财务制度得不到落实、财务事故频发。随着信息技术的发展，高校财务管理应和先进的科学技术相结合，利用信息化手段，实现财务管理信息化。一方面可以解决信息不对称现象，保证财务信息透明化、公开化；另一方面可以提高财务人员的工作效率，促进财务管理健康发展。

2. 流程再造理论

流程再造理论最早是由美国著名研究学者迈克尔·哈默（Michael Hammer）和 CSC 管理顾问公司董事长钱皮（Champy）在其合著的《企业再造：企业革命的宣言书》中提出的，书中对业务流程再造理论给予了明确解释。书中提到，多年来，我们一直遵循传统的劳动分工的思维方式来创办和管理自己的企业，基于这个概念，我们应该把分散的工作任务重新组合到业务流程中去。书中对流程再造理论给出了定义："为了可以快速降低成本，提高质量与服务，必须对业务流程重新分析、重新思考，从根本上进行彻底改革。"它的核心思想就是要彻底打破原有企业设置的传统工作方式，彻底改变按照劳动分工的原则，取而代之的是以业务流程为中心，以发展现状为基础，以客户为导向，淘汰落后环节，重新设计企业的管理过程，追求企业效益最大化。

该理论的重点是把客户的需求当作最主要的目标，以重组业务流程为中心，将现代管理手段运用其中，突破传统的组织架构，改变传统的职能功能，建立全新的业务流程，为企业的可持续发展注入新鲜的再生力量，使企业提高生产质量，降低生产成本，提高服务水准。业务流程重组的关键在于当设计出重组、改造计划后，需要得到企业管理层的支持，从思想上进行转变，并且如果在可能触碰到个人利益时，个人可以为了企业更好的发展做出让步。

在20世纪90年代，流程再造理论的发展达到了全盛时期，随着不断研究和发展，流程再造理论的应用领域得到进一步拓展。有学者认为，流程再造理论不仅适用于企业，也可以用于高校改革，突破高校的发展困境。业务流程再造理论可用于高校的财务管理、招生管理、组织机构管理等教育教学管理中，改进高校管理，降低办学管理成本，提高工作效率，使高校的教育教学、科研管理、财务管理等管理工作更加健康、高效发展。

随着互联网的高速发展，信息技术的普及，各种业务流程都在信息化系统上进行。高校的财务信息管理由最传统的手工记账，过渡到会计电算化，再发展到现在的互联网管理。传统的财务流程不仅分工不明确，而且烦琐复杂，环节冗长拖沓，落后的业务流程已经无法适应新形势下的财务管理，财务管理业务流程优化迫在眉睫。优化财务管理业务流程必须利用信息化技术手段，只有运用信息技术才能实现业务流程再造。

3. 耦合理论

耦合理论是指两个或多个体系或运动模式互相借力产生影响，然后出现关联的现象。每个子系统之间存在良性的互动，使子系统之间协调配合、加强动态关联。高校各部门应该在以自身优势业务为基础的条件下相互整合，形成互动的耦合体。高校在科学合理的前提下构建耦合体系可以得到两种优势或者好处：一是可以进一步促进高校多部门之间的相互合作；二是可以让高校的发展更加高质量、更健全。建立高效的财务管理组织架构需要从自身的实际情况出发，对多个平台、机构、人员以及业务流程等进行进一步的优化，从多角度实现高校财务管理创新发展。在此基础上，高校可以拥有一个良好的运行载体建立耦合战略体系，还可以在不同的发展阶段，通过调整组织结构新增优秀人员或减少不需要的人工成本。此外，从高校本身的管理方式出发，利用耦合模式提高各板块的能动性。

4. 内部控制理论

内部控制理论最早起源于美国，大体经历了5个发展阶段。美国会计师协会的审计程序委员会在1949年对内部控制做出了权威定义："内部控制是企业所制订的旨在保护资产、保证会计资料可靠性和准确性、提高经营效率、推动管理部门所制定的各项政策得以贯彻执行的组织计划和相互配套的各种方法及措施。"

2008年5月22日，我国发布的《企业内部控制基本规范》中论述了内部控制的权威定义："内部控制，是由企业董事会、监事会、经理层和全体员工实施的、旨在实现控制目标的过程。"并指出内部控制的目标是保证企业管理的合法性、合规性，保护资产的安全和财务报告的真实性、完整性，从而提高经营效益，促进企业健康发展。

2012年12月，财政部发布的《行政事业单位内部控制规范（试行）》中规定，各单位应当充分利用现代化信息手段加强内部控制，信息化建设需要对应管理部门与责任人，必须归口管理，将经济业务和组织内控制度有机融到信息系统的建设中，避免人为因素的操控，保证信息系统的安全。

要想实现高校管理信息化，就得厘清内部控制五要素。内部环境是基础，支撑着高校内控体系的运行；风险评估是高校系统分析、识别风险的重要保障环节，避免高校在发展过程中遭遇不利风险；控制活动是高校通过分析风险、评估风险后把经济活动把握在可控范围内；信息与沟通是高校连接各部门的重要桥梁，收集内控信息，保证内控平台的有效沟通；内部监管是高校内控执行过程的监督和自查，发现问题及时反馈，自我改进。

（二）高校财务管理信息化建设的内容

1. 建立数据交互平台

现如今已进入信息网络时代，信息技术应用体现在各个方面，高校财务管理不应拘泥于传统信息传递方式，应该运用信息技术实时反馈与传导信息，及时转换新的服务模式，如微信公众号、手机短信以及云平台等，让同时拥有财务知识和信息技术知识的复合型人才负责微信公众号运营，通过微信公众号，财务政策信息的发布、财务问题的咨询、财务流程的查询都可以得到实现，而且更加高效与及时，方便了广大师生。学校配合财务处大力宣传微信公众号，做到交互式沟通，财务处通过平台发送通知，师生点击确认收到通知，反馈意见可以通过此平台及时反映到后台工作人员处，这样可以提高通知传达的有效性（见图3-3-1）。

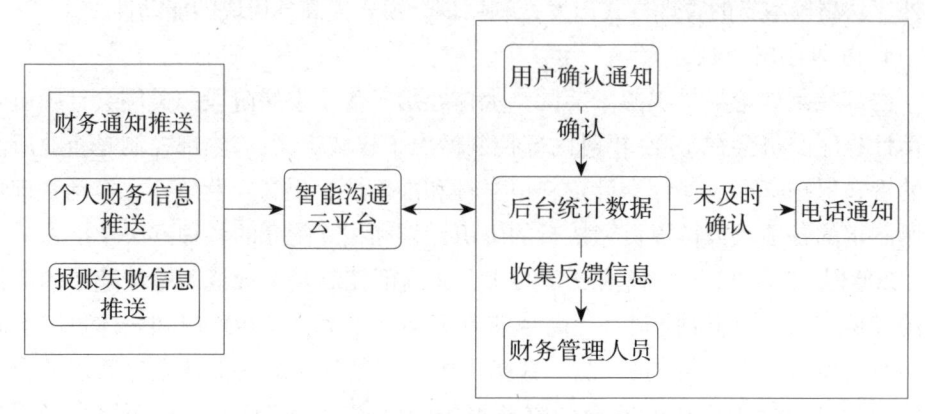

图3-3-1　数据交互平台

建立数据交互平台不仅是财务处一个部门的需求，还是高校为适应经济发展的整体需求。例如，招生处的报到数据与教务处的注册学籍数据不一致，教务处与各二级学院的在校生人数又不一致，财务处缴费数据与招生处、教务处、二级学院、宿管办等部门的数据都不相同，会导致最终学校到底有多少个学生都没有一个准确数字。

随着高校招生规模的不断扩大，教学项目、科研项目以及多渠道经费等问题变得越来越复杂，为了改变数据混乱现象，需要建立以财务信息为中心的数据交互平台。数据交互平台将教学、科研、人事、招生、就业等各种业务数据与财务信息有效地结合起来，经过数据交互平台的采集、分类、整理，实现数据实时共享，满足各部门对不同数据内容的业务需求。

2. 业务流程信息化建设

（1）财务处理业务流程信息化

财务处理系统是财务核算的核心模块，需要根据最新的《政府会计制度》以及高校的业务需求设计信息平台，如图3-3-2所示，为具体的财务处理业务流程。该系统建立了数据交互平台，新的信息化平台通过数据交互平台，不仅能与网上报销、经费申请、工资管理、合同管理、指标管理、资产管理等业务互通数据，进行实时监控管理，还能实现预算分析、决策分析等各类财务报告的查询，为高校财务管理提供数据支撑。

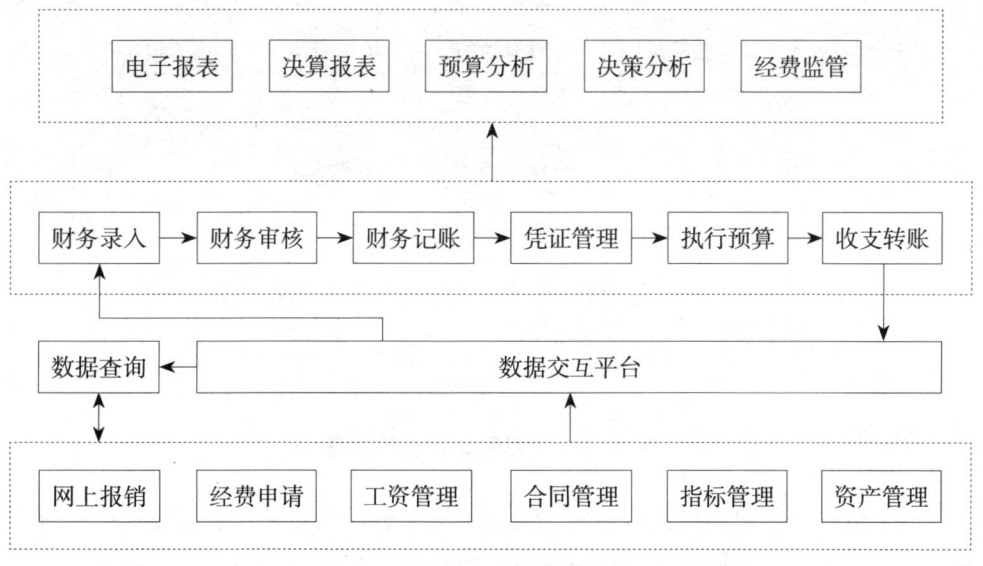

图 3-3-2 财务处理业务流程

（2）预算管理信息化

财政部在 2014 年颁布了新预算法，强调了预算在高校财务管理工作中的重要性，规范了高校财务管理工作，强调"求绩效、重节约"原则，全面推进预算的公开化、透明化，努力推进高校财务管理健康发展。

部分高校现有的预算管理是各部门根据工作规划制订的，然后经层层领导审批，最终下达预算，财务处对各部门的预算申请只是与往年数据做一个大概对比，与申报部门存在获取相关信息不对称现象，特别是到了年终，各部门突然追加预算，导致预算与实际执行结果不一致。高校预算管理存在预算管理信息化滞后、预算编制不合理、预算执行不严格等问题。

预算管理的信息化可以根据如下步骤来进行建设。首先，财务处将近 3 年的预算编制数据、预算执行数据导入数据交互平台，其目的是通过数据的收集进行大数据分析比对；其次，申报部门根据预算计划进行网上预算编制设置，管理层给予授权；最后，财务部门通过数据交互平台，实时查看各部门的预算项目名称、预算编制数据，并对提交的预算数据与数据库进行比对分析，进行最后的审核，审核结果通过数据交互平台反馈给各个部门。图 3-3-3 为预算管理系统示意图。

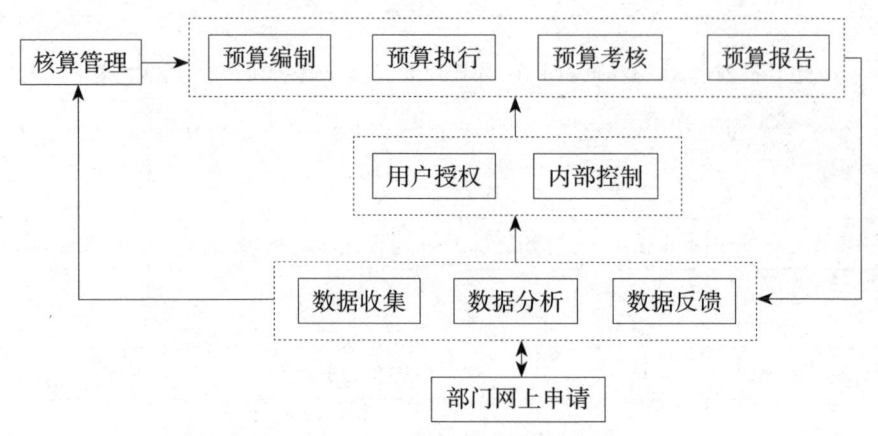

图 3-3-3 预算管理系统示意图

为了更好地监控预算执行情况，数据交互平台必须将预算数据反馈至核算管理。预算下达后，数据交互平台将记录预算金额。当部门申请业务核算时，必须选择预算项目，扣除相应的预算，从而达到数据实时交互，提高了预算管理的可控性、透明性，为管理人员提供真实、准确的预算报告。

高校预算管理信息化对财务人员来说，可以统一进行线上管理操作，节约了大量与申报预算的教师沟通以及手工操作处理的时间，使预算执行更具有规范化的特点。这既满足了高校对预算管理的需求，又使财务工作的效率得到极大的提高。引入预算管理系统，可以使高校财务管理的水平得到提高，树立对预算经费进行分配的绩效理念。采用互联网技术可以使高校各部门与财务处互连。如图 3-3-4 所示，数据只需录入一次，就可供使用者长久使用，既减少了人工操作，又避免了因电子表格的多层审核而造成的数据在传递过程中出现错误的现象。预算管理系统还具有对数据进行整合、分析的功能，可以依据实际的需求对相关数据进行分析统计，比如临时新增的科研项目可以紧急使用已经申请审批预算但中途拖延或者中断的项目的资金，这使预算的编制更加科学合理且灵活，也提高了预算的监督管理水平。

图 3-3-4 预算信息数据化内容

第三章　高校财务管理

（3）报销管理信息化

近年来高校规模不断扩大，财务人员数量却没有增加，面对日益增加的报销业务，原来的报销流程已经无法适用。要从根本上提高报销效率，提高财务管理水平，报销管理业务就必须实现信息化，通过网上报销管理系统，整合和规范财务管理系统。部分高校现有的报销流程虽已初步实现了网上报销功能，但是流程还是颇为烦琐，进行网上报销后还需要提交纸质材料，并且还存在签字困难的问题。为了更好地提高财务处的工作效率、更好地为师生服务，同时为了减少报销出现的错误，节约时间和成本，高校需要针对自身情况优化报销流程和网上报销系统。网上报销无纸化最重要的是各类票据的无纸化，这就需要影像系统和OCR技术相结合（见图3-3-5）。引进OCR识别应用，通过光学输入方式，将纸质票据上的文字转化成电子档，再对生成的电子文件进行编辑和审核，然后登记进入记账系统，最后进行电子票据的认证。同时，高校可以设计一个影像系统（见图3-3-6），实现业务全程无纸化管理。通过拍照、采集和扫描的方式将各种纸质票据导入电子数据，提供电子化信息。影像系统通过采集信息判断单号是否存在，以确定是否保存该影像。

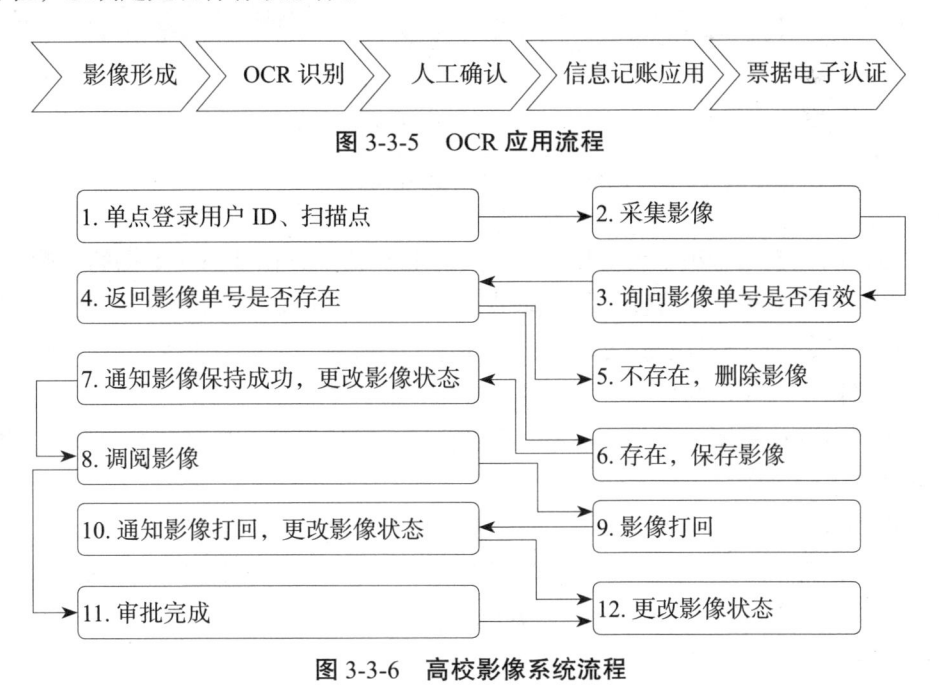

影像形成 → OCR识别 → 人工确认 → 信息记账应用 → 票据电子认证

图3-3-5　OCR应用流程

1. 单点登录用户ID、扫描点
2. 采集影像
3. 询问影像单号是否有效
4. 返回影像单号是否存在
5. 不存在，删除影像
6. 存在，保存影像
7. 通知影像保持成功，更改影像状态
8. 调阅影像
9. 影像打回
10. 通知影像打回，更改影像状态
11. 审批完成
12. 更改影像状态

图3-3-6　高校影像系统流程

如图 3-3-7 所示，为具体报销流程。

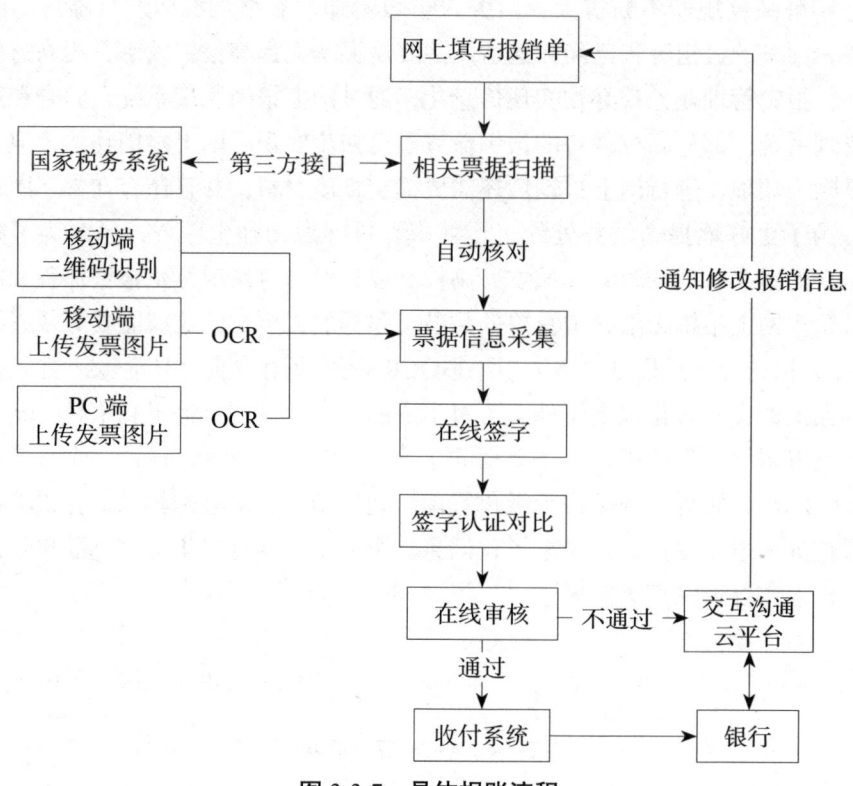

```
网上填写报销单
    ↓
国家税务系统 —第三方接口→ 相关票据扫描
    ↓ 自动核对
移动端二维码识别 ┐
移动端上传发票图片 ├—OCR→ 票据信息采集
PC 端上传发票图片 ┘
    ↓
在线签字
    ↓
签字认证对比
    ↓
在线审核 —不通过→ 交互沟通云平台 —通知修改报销信息→ (网上填写报销单)
    ↓ 通过
收付系统 ←→ 银行
```

图 3-3-7 具体报账流程

通过网上报销管理平台可以更好地规范报销流程，保证原始单据的准确性，一方面对整个财务管理信息化平台提供了数据支持，可以实时监控报销资金的支出情况，确保了财务数据的实时化、精准化，为院领导、财务管理人员、项目负责人等提供了可视化的决策基础；另一方面，缩短了报销时间，降低了报销的成本，可以更好地保障报销资金及时、准确到账，减轻财务人员繁杂的工作量，提高财务的报销效率。

在今后相当长的一段时间内，财务报销将会由电子票据和纸质票据共存，逐渐向无纸化报销转变，增加电子发票报销端口，可以极大地提高电子票据的审核效率，为财务人员在发生重大突发事件的特殊情况下居家办公提供了保障，并且最大限度地减少了人员的流动。

（4）科研管理信息化

高校科研管理既是科研项目质量、科研经费、立项时间等相互作用的过程，又是科研管理部门和财务处、教学机构等多个部门相互配合、协调推进的过程。由于高校的科研经费占比大，整理起来烦琐、不易管理，是高校财务预算管理水平提高的一大难点，也是高校财务管理信息化提高的一大难点与突破点。

针对高校核算的这种特殊情况和实际需求，高校可以在预算管理系统中建立专门的科研申报系统，在系统中设置关于所在院系、项目编号、负责人、研发项目名称、项目总价、项目完成阶段及计划完成进度的信息输入框，只有输入全部信息且信息全部正确才可以点击提交，系统会在7个工作日后反馈审批结果，同时系统也会提醒申报人查阅申报结果。需要申请科研预算的教师在申报预算时，只需进入系统，将要求的具体信息全部按系统提示录入信息输入框即可，教师无需亲自上报预算，减少了人员的流动，规范化的系统填报和审批使得教师更加快速统一地了解申请所需的具体相关信息，与原本需要多次向财务人员询问申报预算所需的具体信息与材料相比，节约了大量的时间和精力，并且统一反馈审批结果，也解决了申报预算中教师与财务人员信息不对称的问题。

由于线上申报预算缺乏见面交流，科研项目种类复杂，对申报的科研项目能否进行审批无法在系统中设置统一的审批标准，因而需要成立项目评级小组对项目进行审批，系统提示有新的科研项目申报后，小组成员负责对录入申请的科研项目预算进行评级、审批。评审结束后，系统提示财务人员登录系统对审批通过的科研项目进行整理、核算，且在规定的申报预算后7个工作日在系统中反馈预算申报结果，由系统提示相关申报人员查看申报结果。科研申报系统解决了申报人员因信息不对称而处于劣势的问题，为申报人员节省了频繁询问财务人员申报进度和申报结果的时间和精力，还解决了高校原本科研预算管理复杂、缺乏统一标准的问题。如图3-3-8所示，为科研申报系统具体流程。

通过建立科研管理系统（见图3-3-9），用信息化技术可以实现项目预算、经费使用情况、会计核算的全过程管理。教师的科研项目经科研处审批立项后，通过系统在财务处登记，财务处根据预算下拨各项费用，实际报销项目应与预算一致，避免科研经费随意使用，科研经费的收支情况通过平台实时更新、反映，最终实现科研经费的精细化管理。

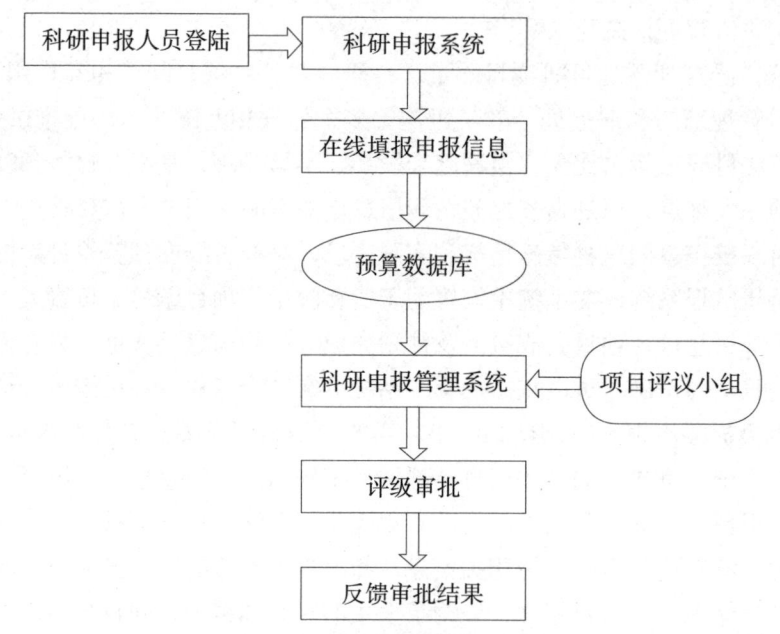

图 3-3-8　科研申报系统具体流程

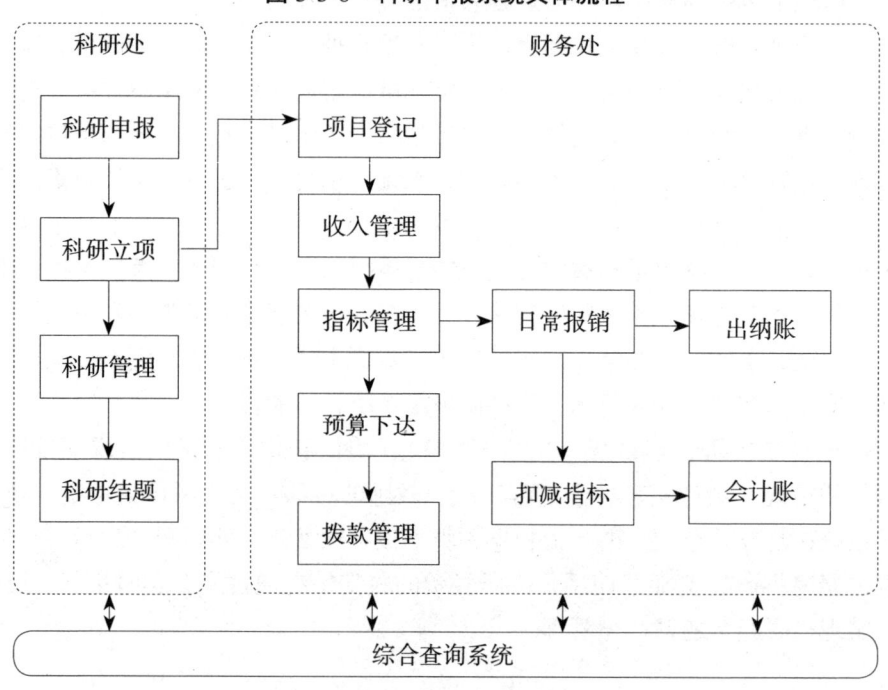

图 3-3-9　科研管理系统

（5）增设网上审批系统

财务管理信息化的建设需要先进的信息技术辅助提高原本的财务工作效率，利用业务流程重组理论，最大程度地利用技术突破原有流程并再造业务流程，运用现代管理手段突破传统的组织架构，改变传统功能，建立全新的业务流程，为高校会计核算的可持续发展注入新鲜的再生力量。增设网上审批系统，在网上报销系统中添加电子签名功能可以实现相关负责人线上进行实时签字审批。相关负责人可以随时随地使用电脑端或者手机移动端进入在线审批签字模块，进行签字审批，避免了开会外出、疫情居家等的限制，报销人也无需奔波劳累，节省了时间和精力，而且缩短了沟通的时间间隔，避免了找不到人、找错人、见面时材料不齐全等耽误时间的状况的出现。

目前银行和其他金融部门正在借助电子签名的便利来实现无纸化的办公模式。因此，在高校财务平台增添电子签名功能、增加在线审签模块从而使线上无纸化签字审批具有高度的可行性。同时增加的网上审批系统将各项工作汇总到一个时间点上，使财务工作人员可以分批集中处理，具体规定审批反馈结果的日期，可根据实际情况定为如每个月25日或申请报销后的第七个工作日，财务人员有计划地集中分批次审批办理，为申请报销的人员节约了大量的与财务人员沟通核对以及催问审批进度的时间。原本报销人员需要频繁打电话或亲自去财务处询问报销的进展和结果，浪费了大量的时间和精力，对财务工作人员来说，工作进度时常被打乱，因而工作效率低下，时常需要加班。增设网上审批系统使财务审批业务不再因为时间、地点以及方式而受到制约，极大地提高了财务工作的效率，打破了财务人员因重大突发事件而无法办公的限制，可以实现居家办公以保证学校财务活动的正常运转，提高了高校财务管理的信息化水平，保障了财务人员的安全，并且节约了报销人员的时间和精力，也符合现代信息化的发展要求。

3. 银校互联系统建设

在互联网技术不断发展的过程中，高校财务已经很少再进行现金交易，传统的网上银行交易也淡出视线，取而代之的是银校系统互联的模式。这种模式是将高校的财务系统和银行资金结算系统实时连接，将传统现金结算变成无现金模式。网上银行虽然可以满足高校的一些资金业务需求，但是并不能完全解决财务信息与账务信息一致性的问题。比如对于补考费的收取，学生缴费后并不能实时反馈到学校的账务系统中，这笔业务需要财务人员手动记录和处理。银校互联模式可以减轻财务人员工作的负担，减少人工操作，同时也可以提高工作效率，是一种更加安全、方便、有效率的工作方式，保证支付过程中不会出错，为资金流动交易提供了安全保障，是一种双赢的好模式。对于需要资金流转比较通畅的工作，银校互联模式极大地提供了这一便利，是资金周转的加速器，当然好处也不仅仅这一点。除此之外，它还减轻了人工负担，节约了人工成本，使工作效率显著提高。想用信息化的技术手段将其与内部控制系统相结合，第一是做好支付系统和预算系统，从而实现网络的互联互通，把预算指标和支付系统直接连通，节省诸多程序工作，减少很多流通环节，以免造成因为资金流通时间过长而使得一些程序工作难以进行，这样做有利于真正实现支付和预算一体化，保障工作的计划性。同时应用网络支付技术，让大家能通过简单的线上程序进行缴费，避免因为资料不齐全浪费时间。用大家的手机和计算机就能完成操作，这是个一举两得的操作，既方便了大众，又方便了学校，省去了学校财务与银行对接的麻烦，可以实时对接并且保证安全。第二是做好核算系统和决算系统。可以通过信息技术实现网络全自动工作，让系统自动对账，对账单自行匹配并核对，只要系统没有错误，维护系统的安全性和稳定性，就可以摆脱人工操作。现在资金的数据越来越大，如果仅依靠传统的人工操作是完全不够的，只有将支付系统、核算系统、预算系统、决算系统这四大系统相结合，才能真正建立起一个高效智能管理体系。

4. 财务查询信息化建设

部分高校存在很多财务查询问题，如财务查询平台可查询的信息较少、查询的相关功能与方式较落后、信息更新缓慢，师生需要查询或了解财务信息，只能通过最原始的方式，即凭身份证去财务处核对信息后方可查询。教职工既无法了解到最新的财务资讯，也无法了解到自己的财务状态。这些问题的存在，不仅不利于师生查询信息，也影响到师生获取信息的准确度和及时性。因此，需要基于耦合理论，进一步构建高校多部门之间的耦合体系，加强信息的公开与沟通，实现高校多部门的信息互联，利用耦合理论实现高校信息化的创新发展，与校内的其他部门进行互联和合作，集成多方系统将"信息孤岛"现象铲除，实现数据的互联和共享，加快系统的同步速度解决信息滞后的问题，使校区的财务信息都能在平台上进行及时的输入和查询。

随着互联网的飞速发展，高校师生对财务信息化查询的需求愈发强烈，财务管理信息化建设必须具备终端业务查询功能，对内可以强化财务管理精细化管理，对外满足教师、学生及家长的查询需求。终端查询业务包括以下几部分。

（1）教师综合查询

教师可以通过信息化平台查询各类项目，比如工资详情、代扣项目、五险一金、发放时间、收款账户、课时费、加班费等。

（2）学生综合查询

学生可以查询自己的缴费金额、缴费状态、缴费时间、一卡通消费记录、助学贷款申请、各类奖学金申请记录、各类杂费记录。

（3）预算执行进度综合查询

通过一站式登录，可以在财务管理信息化平台上查询预算执行进度。财务人员在预算管理系统操作过程中，系统会实时将财务人员的操作结果反馈到数据交互中心，方便各部门、教职工查询相关预算情况，并提供预算管理相关数据的可视化分析报表。

（4）科研经费综合查询

通过信息化平台，教师可以查看科研项目的全部信息，比如项目立项时间、立项内容、审批进度、经费进度等，实时查看科研经费执行进度、经费管理各阶段的数据报表以及科研项目相关业务报表等。

（5）事项申请、费用报销业务综合办理

师生可以查询报销记录、报销时间、到账时间、收款账户、历史报账记录、各项事项申请、其他收入填报信息等。

终端平台不应只是一个查询业务的端口，应加入人性化元素，对于部分比较重要的业务，可以通过短信平台发送信息及时提醒师生。实现终端平台信息化，不仅可以减少信息不对称引起的理解误差，而且使财务业务更公开、透明化，提升师生的服务体验。

（三）高校财务管理信息化建设的原则

1. 符合政策，顺势而为

随着国家财政改革，财务管理的内容和管理方式都发生了重大改变，许多新业务、新项目被纳入管理范畴，如财务信息化管理、内控制度建设、财政资金绩效评价等都给财务管理带来了不同程度的挑战。高校的财务管理信息化建设应符合国家中长期教育改革和发展规划纲要，符合部门预算、国库集中支付、政府采购、非税收入管理、国有资产管理等财政改革要求，利用信息化技术优势，加强财务管理，规范会计基础工作，对分散和多样化的财务核算系统进行整合，促进高校健康发展。

2.结合实际，立足自身

财务管理信息化平台建设必须基于高校自身的实际业务和自身特点，从学校整体高度进行全盘考虑，制订财务管理信息化总体规划，根据各个模块的轻重缓急逐步开展业务，缓解财务资金的压力，为后面的系统模块的建设提供经验指导。在财务管理信息化建设过程中，各部门的管理者需要高度重视，不能三天打鱼两天晒网，信息化建设不是一项短期任务，必须做好打持久战的准备。各部门应安排专职人员参与平台建设，保证各部门数据采集的一致性、准确性、及时性，促进全员参与财务管理信息化平台建设。

3.借助大数据、互联网

在互联网极速发展的今天，5G时代已经悄然到来。随着大数据的深度发展与应用，传统的经济模式被逐步取代，这意味着高校的竞争环境也发生了明显变化。在大数据时代下，高校应正视自身所处的位置，结合实际发展需要，突破自身管理壁垒，从而实现财务数据信息化。

财务数据其实就是记录高校办学以来的财务活动状况，是财务管理的重要支撑，高校财务管理信息化建设本质就是为了提高财务数据的安全性、规范性、有效性。借助大数据与互联网平台，可以消除传统纸质数据遗失、不易查找等弊端，从而推动财务管理信息化建设，提高财务管理水平。

4.资源利用，升级改造

高校财务管理信息化建设需要充分利用现有资源进行整合升级，目前已经建立的部分财务子系统，如果可以满足现有的财务工作，建议不替换。虽然采用新的系统对现有的财务管理有一定的帮助，但是软件系统的更换及服务费用是非常昂贵的，高校本身的资金很有限。新系统的平台搭建应从全局出发，充分考虑旧系统的兼容性，建立统一的信息化标准，打破数据壁垒，实现数据对接。对一些已经无法使用的系统，必须将数据信息转移到新的系统，确保底层数据的原始性，避免出现数据断层。

（四）高校财务管理信息化建设的策略

1.建立规范标准

高校要想更好地进行财务管理信息化建设，就要构建高标准、高规范、高效能的财务管理信息系统。首先，通过实地调研，在参考国内其他院校的标准和经验的基础上，充分考虑学校自身特质与当地经济、社会发展情况，设计出合理的财务管理信息化建设计划，制定合法合规的财务管理信息化标准规范；其次，充分调配手头各种资源、技术，融入大数据与互联网＋等新兴技术，搭建运行高效的信息共享平台；最后，保证输入端的数据来源及时且可靠，通过财务管理信息系统的高效处理，能够实时同步到信息平台，从而在财务管理信息系统与外部相关部门管理系统两座孤岛之间架起桥梁，有效促进学校信息系统之间互通互联，实现真正意义上的信息共享，沟通无障碍。

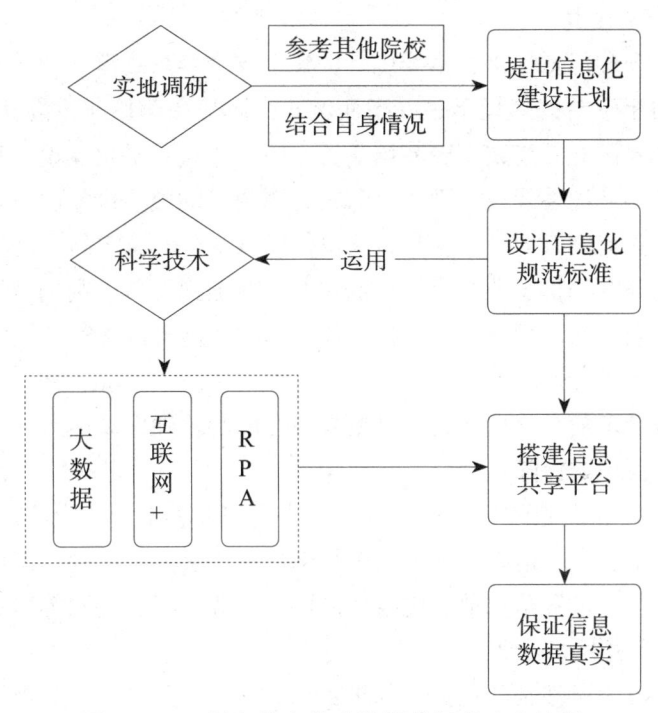

图 3-3-10 财务信息化建设规范标准建立流程

2.加强内部控制

随着高校财务管理信息化建设的快速发展，原有的管理机制和内部控制制度已经很难适应现在的发展需求。完善内部控制、监督机制是防范财务风险最基础的保护屏障。

要使内部控制得到有效实行，除了理论制度，还需要结合案例进行分析，深入分析内部控制要达到的效果，并与财务管理信息化技术相结合。在保证内部控制运行有效的基础上设计财务管理信息系统，一方面可使财务业务流程活动更加规范，另一方面也能有效控制管理风险。与之相反，若财务管理信息系统与内部控制系统并未相互融合，那么这样的系统便不能起到实质性作用。财务管理信息化水平的先进不一定意味着内部控制也是有效率的，部分高校投入较大的财力、物力构建财务管理信息系统，但系统使用率可能并不高，教职工依旧习惯传统的纸质审批流程，所以在构建系统时一定要全面考虑内部控制的合理运用。理论上，财务管理信息系统和内部控制系统对于高校都十分重要，财务管理信息系统提供数据信息，内部控制系统附加功能内容，二者缺一不可。

3.提供资金支持

搭建财务管理信息化平台需要庞大的资金支持，高校需要加大对平台建设的资金投入。由于平台的建设不是一蹴而就的，而是一个长期建设并完善的过程，因而高校还需要设立并搭建平台专属的资金库，并且对平台建设过程中资金使用数据的真实性、合理性及规范性进行监督，以免中饱私囊现象的出现。高校需要提高重视度，并提供有力的资金支持，以保障该平台的稳定高效运行。

高校的财务管理信息化平台可以通过与银行加强合作，利用信用额度从银行贷出短期或长期款项，用此资金来投资建设，如此还可以缓解学校的资金困难。

4.提供设施保障

高校财务管理信息化的构建，需要有高性能的软硬件设施。

（1）硬件设施的保障

加大基础硬件设施的资金投入，为财务管理信息化建设提供有力保障。只有保障设备稳定、安全运行，才能让维护部门有更多的时间关注系统运行，及时更新补丁、升级，设置防火墙，完善校园网、财务专线、外网等多重访问控制机制，确保财务数据的安全性。

此外，系统中所涉及的信息例如报销相关信息、预算信息等都需要储存在服务器中，因而大容量的服务器是搭建新平台的必要需求。目前，低容量、速度慢的服务器是无法满足新平台运行的需求的，因此高校需要购置容量大、速度快的新服务器。此外，应当根据财务管理需要和安全性需求铺设专用内部网络，保证数据传递的及时性。

（2）软件设施的保障

关于软件设施方面，高校要根据财务管理信息化平台的需求，进行业务流程重组；增设相关的数据对接口，使信息能够在系统中无缝流通；聘用专业的科研人员或者团队，解决新增预算管理系统，解决预算系统与会计核算系统之间的互联互通等问题；新增网上报账系统，新增网上审批系统；根据新平台的实际需求与情况，确保新平台的兼容性与互通性，同时要为了日后系统的进一步信息化的发展做好准备，比如预留更多的数据接口。随着信息化的发展和实际需求的增加，可能会对接更多的部门，要做好系统的定期维护与升级优化的工作，进一步满足高校财务管理的工作需求，提高财务管理的效率。如图 3-3-11 所示，为新平台内部子系统的关联关系。

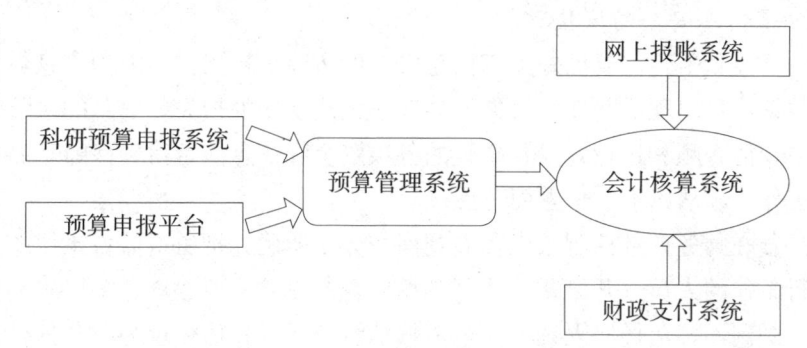

图 3-3-11 新平台内部子系统的关联关系

另外，通过应用软件的架设，实时、准确地监视平台的运行情况，根据建立的网络拓扑图，及时发现异常，提高数据的保密性。

5. 建立评估考核体系

（1）教职工方面

部分高校暂无针对教职工的考核机制，部分教职工既不注重自己的工作态度、工作质量、服务好坏，也不担心被人投诉而受到相应的处罚，从而导致部分教职工工作效率低、业务流程不规范，造成财务问题频繁出现。针对这种情况，高校应建立评估考核体系，以提高教职工工作效率为目标，根据每个教职工的岗位职责制定相关评估标准，并设置优秀、及格、不及格 3 个评估等级，对中层干部、普通教职工进行网络匿名评分，依据评估等级，对给予处分或奖励。

（2）高校各部门

财务管理信息化的建立并不是简单的业务、人员、财务、数据的融合，而是以提升高校管理能力、促进高校健康高效发展为目标，将现实中的人力、物力、财力的投入转化为实际的管理效能。为了财务管理信息化平台的正常运行，应针对高校各部门建立考核体系。其一，对于预算应严格执行，通过大数据分析，对于没有完成预算的部门，下一年度应按比例降低相应预算额度；其二，在经费使用方面，应将投入情况、完成情况等计入考核范围；其三，在业务办理方面，在规定时间内没有完成的业务应纳入年终绩效考核。

（3）组织评估小组

组织一支由校外人员为主、校内人员为辅的评估小组，按照我国相关的财务法律法规及行政事业单位规定，定期对学校开展的各项经济活动进行准确的风险评估，保证经济活动的合法性、合理性，确保财务信息的公正性、透明性。

6. 加强信息安全的风险防控

高校建设新平台需要做好关于信息安全的风险防控工作。因为信息数据的网络化，数据一旦出现泄漏或者丢失，会造成无法挽回的损失。信息的风险防控关系着新平台能否顺利运行，以及高校的各项资金和信息能否得到保障。高校的风险防控工作可以从以下5个方面开展。

第一，在财务内部控制层面要做到岗位分工明确，把负责监督工作的人员与负责执行工作的人员分开设置，达到互相监督的效果。要建立金字塔式的授权管理模式，做到不轻信任何人且不完全依赖信息技术，具体表现为财务处处长具有授权的责任，处长对各部门的科长进行授权，科长再指导前台的管理人员实施具体的操作，既可以确保工作的高效性，还可以降低管理风险。

第二，关于数据存储与清理方面，一定要对使用的软硬件设施定期且及时进行系统优化与升级，因为随着实际需求的变化，对系统的要求也在发生变化。为了保障信息的安全要及时查找系统漏洞，及时备份数据信息，要将信息存储在多种介质中，采取多种途径进行备份，如本地备份、异地备份、U盘备份、光盘备份等，并定期检查备份数据是否完整。

对于系统中过期的数据要做到定期清理，以免过期信息占内存。要经纪检监察部门、网络部门、财务处等相关部门批准，做好备份并确定是无用信息后再进行清理工作。如果清理工作出现错误，会对学校造成巨大的损失。

第三，关于网络安全管理方面，要建立一个完善的病毒查杀系统以保障平台的平稳运行。对病毒进行定期的查杀要有专人负责，对病毒库及时进行更新和升级以保障系统的安全。做好VPN接口的安全工作，对系统管理人员的密码加强管理，防止出现密码泄漏的情况，安装关于监测网络安全的监测系统，加强监控系统的管理与监督。

第四，关于应急预案管理方面，建立一个具有专业人才的应急预案小组，制定并完善相关的应急预案，目的是确保可以及时解决数据信息不安全事件，工作人员在遇到例如系统卡顿、信息无法提交保存、不能联网等问题时，及时通知应急预案小组进行检查并处理。

第五，提高软件操作的安全性。一是提高财务人员网络安全意识，能够判断、识别并报告可能存在的网络安全风险,从根本上防范网络风险的产生;二是定期开展岗前培训与软件配套操作培训,提高财务软件使用人员的基本素质,提高软件使用的效率;三是根据不同岗位与职责为不同人员设置不同的软件使用权限,形成层层管控、相互监督的内部控制制度,有利于发现问题、处理问题并解决问题。

7. 引进人才,加强人员培训

(1)加强培训和学习

随着财务管理信息化平台的推进,高校财务管理信息化的构建对相关工作人员的综合素质和专业能力的要求发生了巨大的变化,要求财务人员具有组织管理能力、分析决策能力、学习与适应能力及前沿的技术思维。因信息化接受度不一致,有部分教职工或多或少对信息化建设产生抵触情绪,提高教职工对财务管理信息化的认知水平刻不容缓,高校需要对原有员工进行培训,提升其各项能力,紧跟信息时代的步伐。

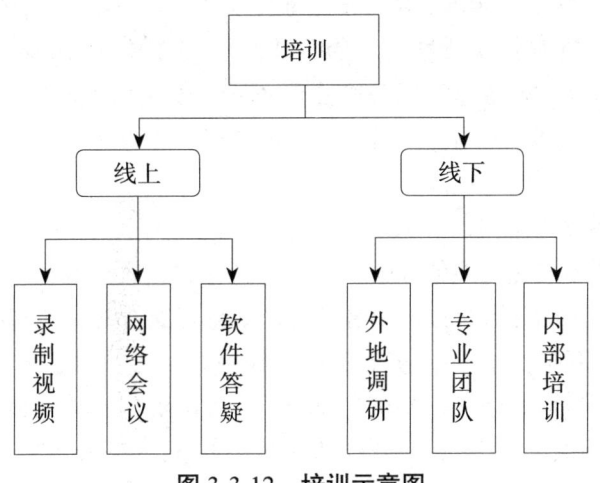

图 3-3-12　培训示意图

对普通教职工应加强培训,使其摆脱传统思维限制,改变财务管理观念,认识财务管理信息化建设的必要性。通过学习财务管理信息化平台的操作流程,教职工了解信息化带来的便捷性、安全性、时效性,明白只有努力提升自我、完善自我,才能适应信息化时代的发展,不被社会淘汰。

对于系统操作人员,一方面定期开展系统维护与升级的培训,学习相关网络安全知识,提高业务系统操作熟练度;另一方面应加强专业理论知识的培养,将理论与实践相结合,在实际的操作过程中完善自身的专业技能。

对于财务管理人员，培养其爱岗敬业的奉献精神，强化财务管理人员的服务意识和法律意识，使其做好数据保密，提高财务管理人员的责任感，避免违规事件的发生，确保高校健康、稳定发展。

此外，高校可以通过推广网上报账系统等方式让高校人员获取相关财务知识，还可通过定期的财务培训、在微信公众号上公开进行答疑解惑、在各部门或学院设置财务助理等线上线下方式提高高校人员整体的财务知识水平。

（2）引进人才，建立科学考评体系

在大力培训、培养高校人员的基础上，还应该引进既懂计算机信息技术，又了解会计专业知识的财务管理复合型人才，兼具财务管理、系统维护、数据搭建技能，且实战经验丰富的综合型人才，为财务管理信息化平台建设提供有力保障。对引进的财务管理人员进行分级分工，分为战略决策层、执行层及管理层三个层级，建立清晰明确的晋升机制。战略决策层由工作时间久、能解决复杂问题、分析能力卓越、格局宏大的人组成；管理层由执行层的小组组长中能力突出者组成；执行层由于工作内容简单、基础，所以由工作经验较少的工作人员组成。同时，晋升机制要保证科学、全面且公平，给财务工作人员搭建一条和岗位、职称、工资、职务等息息相关的晋升之路，并定期对优秀、表现突出的工作人员进行表扬和奖励，使财务人员拥有更加积极的工作态度，使高校的财务管理工作效率得到最大限度的提高。

8.加速发展智能技术

在互联网技术飞速发展的今天，新技术正在快速改变着传统会计的流程、组织和方法，新技术的加入可以使财务管理的效率显著提高、流程智能化、数据准确度有所提高，除此之外还能提高财务系统整体的安全性，使数据收集更加便利，帮助管理人员更好地进行分析和决策。高校财务系统软件想要不断更新，应该多关注相关公司，对比各公司软件的优势和不足，结合本校的实际情况，选择最优的高校财务系统软件。这样才能够帮助高校财务人员减少工作量，通过智能化软件生成更加准确的信息，在大数据分析下获取更优的财务决策。高校智能财务管理系统的发展应该利用好现有的互联网、大数据、云计算、人工智能、区块链、信息安全等技术。

（五）高校财务管理信息化建设的意义

1.提高师生服务体验

基于财务管理信息化平台，教职工在预算申报、业务报销时，可以直接在平台上报、申请，不再需要纸质申请，重复填写申报信息。系统可以及时推送各类资讯，师生、财务管理人员等也可以方便获得各类资费标准及国家最新财政政策。办理财务业务也不再反复进入不同的信息系统，而是以所办理的业务为目标驱动不同信息系统的相应流程，实现财务业务线上线下融合，PC端、移动端融合，薪资、报销、借款与支付平台融合。信息服务一体化建设，解决了高校存在的"重管理、轻服务""重功能、轻实践"等问题。

2. 实现财务信息共享

高校的财务信息存在的一个大问题就是数据独立，部分数据是财务人员手工录入的，面对这些复杂又烦琐的数据，人工操作不仅容易造成数据不精准，而且易使工作人员情绪负面化。要解决这个"信息孤岛"问题，在建设财务管理信息化平台前，应该考虑到各个部门对财务信息资源的交互与共享的需求。财务管理信息化平台以财务数据为交换主体，建立统一的数据标准，制定相关信息交换模式，使数据共享更加方便快捷，保障信息数据通畅。财务部门可以对数据进行分类管理，针对不同的部门给予不同的访问权限，提高数据安全性、保密性。教职工、部门人员登录后台后可以及时获取相关数据，不再被动地等待。按权限进行数据交互，不仅增强了数据的保密性、安全性，还实现了各类数据信息资源共享，所有的数据与应用合为一体，可使资源利用率提高，更高效地管理、利用各项数据，系统运行成本降低，节约人力、物力和财力资源，最终使高校财务信息管理水平得到有效提高。

3. 实现业务信息化

高校基于财务管理信息化平台，充分利用信息化网络服务，推动教学、科研、管理等各项事业的发展，在项目预算、报销管理、科研管理、经费支出、财务决算和终端查询等方面实现网络办公，并设置角色权限分配，精细化分工，充分发挥信息化管理的便捷性，减轻财务管理人员负担，从而提高高校财务管理人员工作效率，提高服务质量。

业务信息化能够推动决算网络化、报账无纸化，还能够更加准确地管理高校预算。业务处理更加规范化并且全面实现信息化，使各项财务信息能够共享和交互，并在高校日常管理中综合利用这些数据信息。业务信息化有利于更好地规避财务信息风险，管控各项财务工作并保障财务信息安全。

4. 全面融合管控

财务管理信息化平台应该以业、财、研、用、管等需求为导向，融合财务、服务、科研、预算、收支、资产等管理系统，建立数据交互中心，实现数据对接、平台共享、全面管控，使学校各个部门深度融合，实现多维有机协同。管理层可以通过财务数据风控预警进行分析，全程绩效跟踪，提高决策的科学性、智能性。

5. 实现流程自动化

充分将机器人流程自动化（RPA）应用于高校财务领域，实现自动化代替手工操作（见图3-3-13），在财务内容与流程上辅助完成量大、烦琐且可标准化的工作，升级改造财务管理系统，不仅可延续传统优势，还可联系其他财务软件，保证数据统一，实现管理效率的最大化。智能化的核算软件可实现自动核算功能，比如原始业务数据录入后，财务凭证以及其他相关凭证将自动生成，排长队的低效率报账现象将不复存在，报账人员只需要在网上提交原始单据，财务人员线上审核，提高了财务部门的办事效率与服务质量。信息化的实现落实了全心全意服务师生的新理念。同时，财务人员将有更多时间进行财务管理创新，实现财务工作自由。

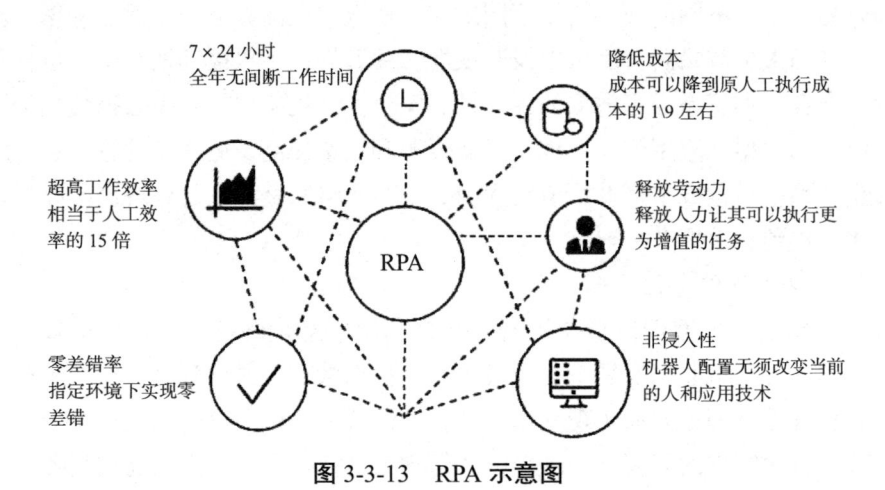

图 3-3-13　RPA 示意图

第四章　高校师资管理

本章主要内容为高校师资管理，分为三个小节，第一节为高校师资管理概述，第二节为高校师资管理优化策略，第三节为高校教师职业发展路径。

第一节　高校师资管理概述

一、高校师资管理的相关概念

（一）高校师资队伍

高校师资队伍的范围很广泛，其主要组成部分是专任教师，同时还包括外聘教师、兼职教师、行政人员、实验技术人员、工勤人员等，专任教师作为整个高校师资队伍的主要组成部分，对高校的发展起到重要的作用。

（二）高校师资管理

对高校师资进行开发、利用和管理即为高校师资管理。高校师资管理应包含开发与管理两层内涵，其目的是提高从业者的积极性，进而提高高校教育水平，实现高校组织目标。师资开发是指对从业者进行规划、调配、培训、使用、考核；师资管理是指对教师进行招录、培训、使用、职称晋升和退休的全过程管理。

二、高校师资管理的相关理论

（一）人力资本理论

人力资本理论是由美国经济学家舒尔茨等人首先提出和验证的。舒尔茨在其文章中开展了对人力资源发展的理论论述，并进一步评价了人力资源在经济发展和社会中的潜在作用，为现代人力资源管理理论奠定了基础。人力资本是指劳动者所拥有的一定的技能和一定的知识等，便于其生存、生活、发展。

人力资本理论所包含的主要思想有：第一，对现代社会的发展进步起关键性作用的是人力资本。第二，人力资本是要进行投资才能建立的。第三，人力资本投资能使人力获得商品的属性，即使用价值和价值。第四，人力资本投资的最终目的是获得收益。

（二）人本管理理论

人本管理理论的内涵是指在所有资源中，人应该是最核心的资源，应该把人作为管理活动的主题，倡导以人为本的管理模式，从而激发，调动人的创造性、积极进取性、主观能动性等。人本管理的目的是实现团体目标以及个人成员目标。

我国在先秦时期就已产生了人本管理理论的萌芽。法家学派曾提出过"以人为本，本理则国固"的观点。儒家集大成者也提出过类似的观点——"仁者爱人，推己及人"。在这些简单朴素的理论中，可以看出古人对人的重视。美国管理学家巴纳德（Barnard）是最早将人本管理理论融入管理理论学中的人，其写的《经理人员的职能》最先将人本管理融入管理学应用详细阐述。人本管理理论的思想是以人为本，就是引导个人重新正视自身的能力，看重每一个成员的成长，促进组织和成员以及成员之间的和谐，实现全体共同利益。人本管理理论力求实现以人为本的管理目标，是组织发展所必需的。

（三）激励理论

激励理论主要包括内容型理论、过程型理论、强化型理论等等。

内容型理论有马斯洛的需求层次理论，这是大家最熟悉的理论。其理论包含五个层次。第一层是人的自然生理需求，即吃、穿、行、用、住等。第二层是安全保障需求，具体有自身安全以及生存、生活安全。第三层是社会交往的需求，包括亲情、友情、爱情等感情需求。第四层是渴望尊重，能得到社会认可和尊重。第五层是实现人的自我价值。运用这一理论来分析目前教师队伍的需求层次，调动其积极性。

过程型理论看重心理指导，认为人的行为反映出自身的心理需要。弗鲁姆（Vroom）的期望理论认为，人们要进行一项活动，预想出来的效果会影响到人们能够做到的程度。此理论告诉我们，领导层要去考虑教师最想得到什么，并引导教师怎么去获得。亚当斯（Adams）的公平理论认为，员工期望公平对待，即付出能得到相应回报，达到自己的心理平衡。公平理论启示领导者要客观合理评价教师的业绩。

强化型理论的代表人物是斯金纳（Skinner），研究行为结果对人的反作用。结果有利于个体，此行为会频繁产生，心理学上称为强化效应。在高校管理中可以运用此理论帮助和引导教师的行为。

（四）绩效管理理论

在人力资源管理中，绩效是一个非常重要的概念。英国学者伯纳丁（Bernadine）认为，绩效是在固定的时间内，一定的工作行为所产生的结果，是工作行为的完成状况。人们的行为是可以观察的，这种行为与组织目标互相协调。绩效管理理论具体指依据一定的标准原则，使用科学合理的方法，对团体成员的德、能、效以及态度进行全面的考核，用以确定员工的业绩和潜质。为员工的工作薪酬、升迁调动、培训激励等提供依据。

绩效管理理论的核心是以人为本，在实现组织团体目标的前提下，充分发挥员工的积极主动性，重视对员工进行培训、开发。绩效管理理论给我们的启示是，对教师队伍应建立合理的绩效考核制度，便于量化绩效，在考核过程中注意客观公正，为教师设计薪酬、培训开发、调动升迁提供合理的依据。

三、高校师资管理的特点

（一）高层次性

在高校中，高学历、高职称人员比较多，这一群体大多数受过高等教育，业务能力比较强。因此，他们在工作上有更多的机会和选择条件，而且更倾向于高层次的需求。他们对于需求的层次更加清晰，更加重视精神需求，非常重视自我价值的体现，注重他人、组织以及社会的评价，希望得到社会的认可，表现出需求上的高层次性。

（二）综合性

高校师资管理的对象多为经验丰富的教学人员，不仅要提升其工作能力和更新知识储备，还要对其进行相关培训，如协调能力的训练、思政工作方法的讲解以及法律知识的普及等。

（三）独立性

高校工作者大部分受过高等教育，对于事物的判断往往有自己的见解。另外，高等教育也要求高校工作者需在统一的部署下独立地、创造性地开展工作，这就决定了高校教师队伍具有强烈的独立性。

（四）专业性

高校培养专业、多功能人才，这就决定了其教师队伍必须具有较高的专业素质和专业知识。他们要充分了解本专业的现状以及发展趋势，熟练地掌握专业技术以及实际应用，能够按照教学规律把自己掌握的知识和技能传授给学生，是集理论和实践于一身的教师。

第二节　高校师资管理优化策略

一、高校师资管理的现状

（一）管理模式现状

随着科技的进步，信息水平不断提高，计算机应用广泛普及。目前，在部分高校教师管理工作中，计算机已成为不可或缺的工具。如日常考勤表、财务报表、实验室资产设备入库及报废管理等事务性工作都由人工画表转为计算机文档处理，不仅节约了时间，还提高了工作效率。再比如教师运用计算机排课系统，极大地提高了任课管理工作效率。建立规范统一的数据库，将教师的基本情况、业务考核以及档案资料等信息进行录入，并通过增加、删除、编辑、查询和分析等功能，实现高效的师资管理。

（二）教师队伍结构现状

近年来，各高校围绕教师队伍进行管理，在招聘、任用、激励与考核制度等方面都给予优先保障，完善教师激励机制，为高校教师队伍的整体稳定与水平提高做出努力。高校教师队伍的素质和质量不断提高，教师队伍，尤其是骨干教师队伍不断年轻化，硕士和博士学历的专任教师人数持续增加。从整体素质看，通过培训、教育沙龙等方式，青年教师的教学能力实现大幅度提升，他们深受学生喜爱，教学互动效果良好。高校运用评选机制，选拔出优秀的青年教师，作为骨干教师的后备力量。青年教师具有较强的科研能力和科研热情，有些基本能独立进行课题研究。高校要加大对科研的重视力度，鼓励产、学、研，不断提高高校的整体教研水平。

（三）任用和评聘制度现状

为了吸引优秀人才从事高校教育工作，高校一方面在教师的招聘、任用和安排上引入了市场机制，坚决贯彻按需设岗、定岗定编、公平竞争、人尽其才和择优任用等原则。另一方面，采取有效措施提高教师待遇，提升对高层次人才的吸引力和降低现有人才的流失率。

二、高校师资管理存在的问题

（一）师资管理理念的问题

当前，部分高校管理理念相对陈旧。随着多个学科的交叉、渗透与相互作用，人力资源管理理论越来越多地运用到高等学校师资队伍建设中，但部分高校在师资队伍建设过程中并未真正树立起"以人为本""以师为本"的管理理念，将高校教师视为人力资本的观念还不成熟，这在很大程度上制约和束缚了高校教师的主观能动性与积极性，一方面不利于高校教师自身的成长发展，另一方面也与高校教师群体的成长规律不符。

（二）高校师资管理存在的问题

1. 高校教师的引进制度与培训工作急需优化

由于受到区域环境、历史条件、经济社会发展的影响，一些高校在人才引进、师资培养等方面受到很大的制约和限制。

高校教师的引进制度和培训工作存在一定的不合理性，比如过分追求量的提高（专任教师规模的扩大），却忽视质的重要性（高端人才、顶尖青年人才、高层次学历教师的引进）；高校教师的引进工作盲目跟从其他高校，忽视自身的实际发展情况，缺少创新性；过于重视高校教师基本业务能力的培训而忽视立德树人的师德建设培训；培训中，重基础理论的灌输，轻实践技能的操作。另外，部分高校教师在对高校师资培训的认识上态度不端正，视培训为负担，于个人成长和高校发展都是不好的。

2. 高校教师的评价、考核体系与教师身份不符

高校教师评价与考核是依据一定的标准，对高校教师的工作状态和工作成就做出判断和评定的过程。评价的目的在于实现高校教师工作的改进与提高，考核的结果关系到高校教师的晋升与去留。科学、公平的评价考核体系不仅对教师自身的专业发展起到重要作用，同时对于高校的发展和高校师资管理也至关重要。目前一些高校教师的评价、考核体系与教师身份不符。

3. 高校教师的激励机制不健全且缺乏力度保障

高校是人才聚集的地方，高校教师是否得到有效激励会影响高校的目标是否能实现。如果高校教师得到有效激励，自身得到发展，对学校有归属感，会自觉朝着高校的目标靠拢，推动高校发展。一些高校的激励机制不健全，一方面缺乏差异性和成长性，另一方面缺乏自主性和竞争性，没有发挥出激励机制的作用。具体表现为激励大多数是物质激励，如提高基础工资、福利待遇等，精神激励相对较少，且对于高校教师的激励方式大同小异，没有体现出差异性，没有考虑到高校教师的不同需求。

此外，一些高校的师资管理缺乏必要的竞争激励机制，特别是在高校教师的选拔引进、聘任培养、评价考核等方面缺乏有效的机制和力度保障，从而导致一些高校与其教师之间的心理契约破裂，影响教师主观能动性的发挥。

三、高校师资管理的优化策略

（一）转变高校师资管理理念，做到与时俱进

强国必先强教育，兴省必先兴教育；国强靠人才，人才靠教育。甘肃省普通高校师资队伍的整体目标就是培养高素质人才，实现"科教兴省"、"人才强省"战略目标。理念和思想是行为的先导。高校想要建设一支结构合理、比例均衡、稳定发展、效益显著的高素质、高水平的师资队伍，就要从根本上转变高校师资队伍建设的管理理念，做到与时俱进。

首先，树立人力资源管理理念，运用人力资本理论对高校师资队伍进行科学管理。人是一切生产活动的中心，人力资源是社会经济发展的不竭动力，人力资本理论在人力资源管理的基础上，将人看成资本，并通过整合人力资源等各种手段，实现更高的价值。

其次，将"以人为本""以师为本"作为高校师资队伍建设的基本出发点和根本落脚点。高校教师的职业特点和成长发展的特殊性决定了高校在进行人事管

理时必须树立以人为本的管理理念，从而充分发挥高校教师的主观能动性和创造性。高校的一切工作都要向着有利于调动高校教师积极性的方面倾斜，真正做到能够把高校教师放在高校教职员工中的核心位置。充分协调高校教师个人的专业发展与高校自身发展的关系，积极引导高校教师的个人需求和高校发展需求相结合。

最后，对高校实施简政放权、放权让利的政策。通过革新人才管理制度和编制师资管理模式，进一步减少政府对高校的集权管理，让高校获得更多的用人自主权，以此来激发高校自身发展的内在动力。

（二）制订科学、合理的高校师资管理规划

高校师资管理是一项长期、复杂的任务，为了保证高校一切教学科研活动的有序进行，必须依据高校自身的发展目标、办学定位、内外部环境变化制订近期和长远管理规划，使高校师资队伍建设能够有计划、有步骤地开展。

（三）建立人性化的高校师资管理体制

1. 全面贯彻教师资格制度

我国实行教师资格制度，这是国家对教师实行的特定的职业许可制度。教师在教育行政部门依法批准开办的各级各类学校和其他教育机构中从事教育教学工作的前提就是依法取得教师资格、持有教师资格证，这是依法管理师资队伍的法律手段和制度保证。高校必须全面贯彻和执行教师资格制度，加大审查、核查力度，确保高校师资队伍建设的可靠性。

高校教师资格证书再认证过程中的考核标准和认定内容应该与高校教师职务聘任和继续教育相结合。教师资格证书的再认证本来就应该是一个动态的过程，认证的范围除了要涉及教师本人的身心健康、师德品行、教学基本素质和能力等，还应该涉及持证教师在任职期间的学业技能、学科专业和课堂行为等方面，并结合专家、同行以及学生对教师业务素质的评价一起作为教师资格证书再认证的标准。此外，高校教师资格证的管理应该与高校教师的职务聘任和在职进修构成一个相互制约、相互促进的有机整体。高校教师在取得高校教师资格证前的试用制度和岗前培训有利于提高应聘人员的素质和缩小高校教师聘任的范围，提高任职教师的水平；对高校教师资格证做出有效期限和定期更新的规定，在一定程度上可以减少高校对不合格教师的聘任，提高对在职教师的管理效率。而且高校教师资格证有效期限的规定也从制度层面上激励了高校教师定期参加进修、培

训，不断更新知识结构，提升教学能力。我们可以在高校教师资格再认证过程中通过制定切实可行的认证条件、考核标准以及适合不同高校教师职业发展与专业发展的课程体系等促进高校教师的发展，具体包括高校对高校教师完成岗位职责的审核，教学工作年度考核以及高校教师在职进修教育专业课程、专业理论课程的学分和教育成果等，作为高校教师资格再认证时综合评分的指标。

2. 改革与完善聘任制度

教师聘任制度是在符合国家法律制度的情况下，聘任双方在平等自愿的前提下，由学校或者教育行政部门根据教育教学岗位设置，聘请有教师资质或教学经验的人担任相应教师职务的一项教师任用制度。

高校应该按照"按需设岗、公开招聘、平等竞争、择优聘用、严格考核、合同管理"的基本原则，在借鉴和总结国内外知名高校成功经验的基础上，结合本校的办学实际和基本发展状况，改革与完善聘任制度，使聘任制度能最大限度地发挥其激发教师工作积极性的作用，从而进一步改革和完善高校教师的聘任工作。

可借鉴北京市在高校试点取消编制的做法，结合自身办学实际，小范围试点推行取消编制，增加高校自身的用人自主权，打破传统的计划配置，探索建立高校结构合理、比例均衡、稳定发展的高素质、高水平师资队伍的有效途径。

3. 建立科学的考核评价机制

高校应建立一套科学合理、操作性强、针对性强、覆盖面广的高校教师考核评价体系与制度。在制定考核评价指标时，应当采用多维度的发展视角，从教育维度、学习维度和创造维度等进行全方位考核；在考核评价的过程中，处理好高校教师隐性工作和显性工作的关系，处理好高校教师工作量和工作质量的关系，处理好工作过程和工作结果的关系；同时要树立起高校教师的危机意识，引入优胜劣汰的淘汰机制。

4. 完善公平合理的激励、竞争机制

高校为了留住高层次优秀人才，保证高等教育健康发展，必须要在目前的基础上进一步完善公平合理的高校教师激励、竞争机制。

（1）做好高校教师需求分析，促进高校教师自我价值的实现

根据管理心理学的观点，激发人的动机的心理过程模式为：需要产生动机，动机支配行为，行为指向一定的目标。由此可知，需要是个人行为的原动力，是个体积极性的源泉。高校教师在个人知识结构、生活背景、个人追求等方面存在一定的差异性，从而导致他们的心理需求不尽相同。随着社会的变化和发展，高

第四章　高校师资管理

校教师的需求趋向多元化，不仅不同的教师需求各异，而且同一教师在不同的年龄阶段、不同的职务层次、不同的知识水平条件下需求也会不同。因此，高校管理者只有在调查和分析教师需求特点的基础上，找到影响其工作积极性的有效因素，才能根据其动机有针对性地选择恰当的激励方式激发其改变自身的行为，调动其工作积极性和工作热情。对于高校教师正当的、合理的需求，高校应该采取措施，创造条件给予支持，把他们的需求转化为符合高校发展目标的动机和行为；对于高校教师的一些不合理、不现实的需求，高校管理者应该通过说服、教育的方式引导他们自觉调整需求方向，只有这样才能真正发挥需求改变行为的正面作用。

（2）注重高校教师的差异性和成长

激励机制应注重差异性，当高校教师需要物质激励时，给予他们相应的物质激励，如提高基础工资，发放奖金福利、改善工作环境的硬件设施等；当高校教师需要精神激励时，给予他们相应的精神激励，如进行表彰、通报表扬、树立模范等。

激励机制应注重高校教师的成长，帮助高校教师快速成长。根据高校教师发展的不同阶段，设置不同的的物质激励和精神激励。无论激励的方式如何，都应该坚持以人为本，因人而异。

（四）优化高校师资队伍结构

高校师资队伍建设必须与当地高等教育发展的实际状况相适应，必须满足当地高校教育发展的具体要求。近年来，由于高校扩招，高校生师比一直保持着较高的增长，高增长凸显出高校专任教师师资总量不足的问题，出现学生人数和师资队伍的不平衡，这将影响到高等教育教学质量的提高，所以高校在严格执行教师聘任制度的前提下，要适当增加高校专任教师数量，扩大高校专任教师的规模。同时，针对不同层次的师资队伍的结构做出优化调整，从职称结构、学历结构、年龄结构、高端教师结构、"双师型"教师结构等方面对症下药，实现资源的合理配置，优化高校师资队伍结构。

优化高校师资结构的途径有以下几条。

1. 确立合理的生师比

生师比是衡量教师队伍与学生数量关系的杠杆，同时也是衡量高校专任教师规模的基本指标。各大高校要根据教育部发布的《普通高等学校基本办学条件指标（试行）》中对各类高校的生师比提出的合格和限制招生的具体标准，结合自身办学水平和发展的实际情况，在严格执行教师聘任制度的前提下，确立合理的生师比，适当增加高校专任教师的数量，适度扩大高校专任教师规模。

在配置教师时应注意，每个学院的人数不同，需要的高校教师数量也不同，具体到每个专业，学生人数要与对应专业的高校教师人数比例相协调，这样才能合理分配高校教师，学生才能分享到合理的教学资源，不会出现教学资源紧缺的现象。

2. 优化职称结构

在优化职称结构方面，一是科学确定各类职称的占比。教学是高校的主要职能，在职称名额的分配上必须科学公正。只有这样才能真正引导和鼓励高校教师在教学一线建功立业。二是合理建构各个层级的职称结构，确保每个层级的职称名额数量，使每个层级的高校教师都能够看到晋级的希望。高职称人才的引进，一定要以引进学科带头人为主，不能为达到数量目标而引进。三是严格职称晋级条件，不能随意降低晋级门槛。

3. 优化年龄结构

高校在师资年龄结构上需要进行进一步完善，要制定明确的招聘标准和相应的政策，从制度上宏观调控各个年龄阶段的高校教师人数，使得高校教师人数实现动态平衡以及不同年龄段的高校教师得到合理配置，具体应做到明确各级职称的最高年龄、限制年龄等，调整岗位需求，以保证高校教师年龄结构合理化；对于有经验、有能力的离退休教学名师，为了人尽其才，高校可以根据高校教师的教学意愿及身体健康情况，适当提高他们的退休年龄；鼓励青年教师多承担管理工作，培养他们担任高级职务，改善高级职务教师老龄化的现状。

4. 优化学历结构

在优化学历结构上，高校要提高聘用高校教师的准入门槛，大力引进高学历的高校教师，提升师资队伍的学历层次；加强高校在职教师的继续教育，为高校教师提供各种培训和进修机会，帮助高校教师更新知识系统、提升专业技能，高校教师自身应树立终身学习的理念，不断进取，提高学历层次。

四、高校师资管理的机遇与挑战

（一）知识经济社会的到来要求提高高校教师的准入门槛

知识经济的发展需要大批高素质人才来支撑，而高素质人才的培养在很大程度上依赖于高质量的教育和高素质的教师队伍。我们要培养大批适应社会主义现代化建设的高层次人才,培养大批具备合理的知识结构、创新精神以及知识应用能力的高素质人才,推动整个社会人才队伍的建设。为此,必须提高战略高度,造就一支整体素质高、综合能力强的教师队伍。为了提高高校教师的整体素质,我们首先要考虑从提高高校教师准入门槛入手,以保障合格的人员进入高校教师队伍。

在知识经济社会,知识和信息的更新速度呈几何速度增长,教育观念的转变,教育功能的扩大,人才培养目标和教育模式的多样化,课程设置、教学方式与方法以及人才培养模式等与经济社会发展需求关系的变化,都对高校师资管理提出了更高的要求。

(二) 社会主义市场经济体制的确立对高校用人制度的影响

随着市场经济的发展,我国高校的用人制度也在逐步发生变化,如我国高校普遍建立了遵循高校和教师双方平等自愿原则的教师聘任制度,根据聘用合同,高校可以对不能履行岗位职责的高校教师进行低聘和解聘;在高校教师招聘上普遍采取公开向社会发布招聘信息,经过一定程序后择优录取的方式。在市场经济条件下,许多高校教师也开始转变就业观念,不再把同一所高校作为职业的固定场所,也不再把教师作为唯一的职业,这使得高校人事流动的趋势也在逐渐加强。因此,为了应对市场经济对高校师资管理带来的影响,高校管理者应该根据本校的实际情况,制定合理的师资管理政策。

(三) 产业结构调整过程中高校师资管理面临的新问题

产业结构和高等教育结构以及就业结构之间有着密切的关系,世界各国经济发展的经验表明,产业结构的调整会给劳动力结构和技术结构带来变化,从而引起劳动力就业的新变化。劳动力由第一产业向第二、第三产业转移的趋势,工业、农业现代化程度的提高以及信息化社会的到来对劳动力在不同行业间的分布,对用人素质,员工的专业知识结构、能力结构需求会产生较大影响,这也必然会影响到为社会培养高层次人才和提供智力支持的高校,它迫使高校的学科结构、专业结构以及人才培养的层次结构都必须进行相应的调整,而高校教师队伍及师资管理也必须为满足这种新的变化做出相应的调整。

(四) 高等教育国际化对高校师资管理的影响

经济全球化和知识经济在世界范围内的发展使得高等教育国际化步伐加快。

在高等教育国际化的时代背景下，科学知识的前沿化使得我国高等教育在国际性课程的设置、教师的国际流动和学术的国际交流与合作等方面都出现了一些新的变化，这些新的变化对高校教师必须具备的素质也提出了新的要求。特别是在教学与科研领域国际合作逐步深入的今天，高校教师要适应时代发展，具备与国际接轨的素质标准，而高校管理者为了适应高等教育国际化的发展趋势、培养高校教师具备上述素质，就必须要重视教师的专业发展，做好教师培养规划，为尽快形成一支门类齐全、梯次合理、素质优良、充分满足经济社会发展需要的教师队伍提供政策支持。同时，高校管理者也要做好人力资源规划，发挥国际、国内两种人才资源在提高高校竞争力上的作用，做到高校自主培养、开发人才和引进海外高层次专业人才并重，通过重点吸引专业高层次人才和稀缺专业人才推动高校的学科建设。

第三节　高校教师职业发展路径

一、高校教师职业发展困境

（一）高校教师专业知识及能力不足

1. 科研能力不足

受多种因素影响，部分高校教师的科研能力比较弱。一方面，高校缺少学科和专业的领军人物，加上平时与专家和相关部门接触少，高校教师在重要课题评审时很难得到多数评委的认可和支持。另一方面，很多新设的学科专业还没有形成深厚的学术底蕴和打下坚实的人才基础，对一些重大课题的开发研究缺乏前期的成果支撑，在横向课题的立项上也缺少专业技术的储备。此外，很多高校没有完整的科研团队，加之不少高校教师合作意识不强，学校也没有有计划地组织好优秀人才，难以产生科技创新的团体效应，从而难以在科研成果上取得实质性的突破。

2. 课堂教学能力不足

部分高校教师的课堂教学水平都存在不同程度的问题，这与高校教师的教学能力欠缺有直接的关系。部分高校教师教学能力不足，主要有以下几种原因。

一是部分教师缺少师范教育专业的学历，对教育学和教育心理学方面的知识

第四章 高校师资管理

了解不全面,不能运用有效的教学手段和教育艺术吸引学生的注意力。进入高校执教后,又因为教学任务重,很难有时间和机会补齐这方面的短板,教学能力难以提升。

二是课堂教学方法陈旧。部分高校保持填鸭式的课堂教学模式,每堂课都是教师从头讲到尾,既没有调动学生兴趣,也缺乏对学生学习效果的评价,虽然有的高校也做了一些课改,但大多都停留在表面上,学生的主体地位一直没有得到体现,他们一直都是被动的接受者而非课堂教学的主动参与者,整个课堂缺少生机与活力。

三是缺乏个性化教学。在课堂教学中,部分高校教师没有认真了解学生的具体情况,教学内容和教学手段缺乏针对性,没有开展有效的因材施教,没有努力发现和积极引导学生的特长与个性发展,也没有与学生达成有效的交流和沟通。

四是课堂教学内容陈旧。部分教师缺少必要的知识更新,不能将最新的理论成果介绍给学生,教学活动始终没有突破从理论到理论、从观点到观点的套路,教学语言生硬单调。

3. 实践操作能力不足

实践经验缺失,实际操作能力偏弱,是当前部分高校教师专业能力的短板。部分教师能言不能行,动手能力、运用理论解决实际问题的能力、培养学生实际操作的能力都达不到培养应用型人才的要求,一些必要的实践教学课程开不起来,有些实验课也因缺少专业的实验教师而开不充足。

(二)高校教师职业发展的环境有待优化

1. 教师培养路径不顺畅

一些高校重使用轻培养,注重高层次教师的规划与培养,缺乏对青年教师的培养与规划,发展过程比较随意,变化性大。青年教师的引进主要为了满足课程教学的需要和填补教师队伍人数不足,但一些高校对青年教师培养、指导路径非常有限,青年教师不能很快融入一个教学或科研团队,单打独斗,没有很好的制度保障。

2. 教师职称晋升制度不完善

一些高校的评估标准过于单一,不够灵活。职称评定对学历、专业年限、论文数量等有严格的规定,但是对绩效和工作能力的分析不够,这导致许多有才能的青年教师未能按自己劳动强度、工作贡献、实际水平获得相符的职称。另外,岗位聘用制度论资排辈现象严重,对一些具有高职称、深资历的老教师制定最低岗位保护条款，不完全按照实际能力和劳动贡献进行评定。青年教师受资历、职称的限制，即使在教学科研、社会服务上表现突出，也很难晋升到更高一级的岗位。

3.教师考评制度单一化

评估体系没有考虑到不同学科之间的评估的可比性和公平性。一些高校缺乏对高校教师进行分类管理、分类培训和分类评估的评估机制，不能体现高校教师之间的差异化。绩效考核强调重科研、轻教学，使部分教学型教师无法获得应有的奖励；重基础研究成果，轻应用研究成果，特别是针对高风险创新研究的保护和资金支持不足，不利于高校教师进行高风险创新性学术研究。此外，绩效评估单一，其评估结果往往不能完全反映高校教师的工作内容和实际工作情况。不仅不能达到预先评估的效果，而且还会削弱高校教师的工作积极性。

二、高校教师职业发展路径的优化

（一）提升高校教师专业能力

1.提升自主发展能力

高校教师应不断提高发展自身专业技能的自觉性和主动性，通过树立正确的教学理念和教学观念、学习教育教学理论知识、掌握学科前沿动态、坚持不断地学习、不断更新知识结构、通过总结教学经验来提升职业素养，夯实精神底蕴，不断提升和完善自我。教师是知识的传播者，也是知识的创造者。教师的知识结构、水平影响教学水平，只有不断丰富自身专业理论知识，才能在教育教学实践活动中掌握主导地位，有效处理教学中遇到的问题，不断优化教学方法，在知识的传授过程中实现自身专业的成长。

2.转变传统教学理念，提高信息技术应用水平

信息技术发展与高等教育信息化建设联系密切，同样在信息化背景下，高校教师的教学理念和方式与人才培养质量紧密相连。便携笔记本、移动通信工具、平板电脑、电子白板等硬件设施为高校教师教学提供了广阔的空间，高校教师要谋求信息化背景下的教学可持续发展就要转变其教学理念和方式，以学生喜闻乐见的方式教学，不仅能够改善大学生学习现状，也能够创新教学方式，提升教学能力。适当减少高校教师教学工作量，让高校教师能够有充足的时间和精力进行信息化教学创新活动。

一方面，加强相关宣传和引导，使高校教师充分认识到信息化教学资源的重

要性，提高高校教师对信息数据的敏感度，进一步深化教学创新，促进课程质量的提高。高校教学管理者除了要提升教师的教学能力，还需要注重对教师职业化的引导，打造出综合能力强、素质高的在线课程教师队伍。另一方面，现阶段部分高校教师在技术应用上还无法跟上时代步伐，高校的信息化教学设备使用群体以青年教师居多。高校教学管理者应针对不同高校教师的特点给予针对性培训，通过信息技术培训，如MOOC课程的设计、开发与实施的培训等，提高教师的技能水平，帮助高校教师更好地适应信息化环境，力求实现高校教师的专业化发展。

3.搭建理论素养与实践能力双提升的应用平台

第一，搭建进修深造平台。高校为地方发展提供高质量、多个领域的服务，需要有一批理论研究和实践能力十分优秀的高校教师，具有地方企事业单位所不具备的专业理论和技术优势。结合高校的学科专业建设，面向地方产业升级和社会建设的需要，有针对性地选派教师去国内外著名学府和企业进修深造，提高他们的理论造诣和专业技能水平。

第二，搭建好联合攻关平台。加强高校与企事业单位的横向课题研究，尽可能选择地方性和实用性较强的课题，真正发挥高校服务地方的作用。运用政策和行政手段引导和鼓励高校教师主动争取课题立项，努力参与合作探究，以课题研究为契机，实现理论素养与实践能力的双提升。

（二）优化教师职业发展环境

1.重建知与行相统筹的评价体系

科学的评价标准能引导和促进教师专业能力的提升。首先，在评价体系中适当提高实践能力的权重，确保高校教师的实践能力得到应有的重视。其次，根据评价要求不断完善考评机制。最后，强化考评结果的运用。高校要把考评结果与高校教师的评先评优、晋职晋级、绩效工资、进修培训等内容挂钩，严格兑现，拉大不同能力、不同业绩的高校教师之间的经济和待遇差距，转变平均主义的思维和做法，真正发挥考评的导向激励作用，促进高校教师专业能力的不断提升。

2.建立高校教师薪酬激励机制

高校应建立一套民主、公平、实用的薪酬激励机制，以满足高校教师的职业发展需求。在薪酬上，根据高校教师不同发展阶段的不同需求、能力水平、工作完成质量情况等，设计不同的薪酬体系，综合考量，实现岗位差异化，建立一套"以人为本、因人而异"的薪酬体系。同时，调整社会保障、岗位津贴、绩效工资所占比例，根据考核评估结果，应及时给予相应的福利和奖励，突出强调薪酬的激励效果。借鉴双因素理论和层次需求理论，高校要注重物质激励和精神激励相结合，物质需求得到满足后，才能激发更高层次的需求。利用物质激励激发高校教师的工作动力，缓解高校教师的职业倦怠，同时结合精神激励，满足高校教师在情感尊重方面的需求。通过有效的激励措施，提高高校教师个人和组织发展的积极性，满足高校教师自我价值的实现，实现个人和组织协调发展。激励机制可以体现在增加教师培训、教育资助、课题研究、科研设备等不同方面，鼓励高校教师不断挖掘自我，突破自我。

3. 营造良好的教学环境

教学是具有高度创造性的劳动，需要较大的自由度和发挥空间，在坚守政治底线的前提下，允许将新思路、新方法、新观念运用于课堂教学，让不断探究、不断发现、不断创新的思维在课堂上得到充分展现；让平等讨论、求同存异的思想在课堂中大放异彩；让尊重科学、坚持真理、鼓励创造的人文精神在课堂里熠熠生辉。

4. 营造良好的科研环境

科研与教学同为高校的"一体两翼"，都是高校教师的重要职责，打造优良的科研环境，也是营造高校教师发展环境的应有之义。高校教师的科研成果，既代表高校的创新水平，又代表高校对经济社会发展的贡献，对于提升高校的社会美誉度和学术影响力十分重要。

一是创新科研经费投入机制。一方面要用好存量，加强科研经费的整合和管理，提高科研经费的使用效益。另一方面要创新科研经费投入机制，扩大增量。把握上级的科研政策和扶持重点，积极争取项目经费。

二是提高科研服务质量。高校应当简化科研项目申报、审批和结项手续，建立健全科研成果评价体系，更加注重学术评价质量，努力营造公平公开的科研环境，让有志于科研的高校教师都有获得科研课题的机会。打击学术造假和学术腐败，维护学术的尊严和高校的声誉。切实改善科研管理制度和方法，保障高校教师从事学术研究的必要时间与精力，激发高校教师在学术研究上的主观能动性。

5. 营造良好的人文环境

（1）营造自主开放的高校环境

高校要积极营造民主管理氛围。高校教师应对于高校教学管理和运行有全方位的了解和认识，高校教师有权并且有能力参与高校方针政策和各项管理制度的制定与实施，高校应保证充分发挥青年教师的民主管理权。第一，邀请专家教师和高校行政领导共同制定高校的发展方向和方针政策。第二，鼓励高校教师积极参与高校发展定位与规划、资源配置与利用、教育教学改革等一系列重大决策。高校教师参与高校管理，有利于了解并执行高校各项规章制度，将被动遵守转化为主动执行。第三，尊重高校教师表达意愿。高校教师是高校决策的参与者，高校应建立多个渠道展开与高校教师之间的对话与沟通。比如高校教师代表大会、校长信箱等方式。只有做到信息畅通、渠道透明，高校教师才会更加积极地响应高校政策。高校积极听取教师的意见和想法，认真进行科学分析，接受并采纳正确合理的建议，及时解决教师的困惑，对于一些难以解决的问题给予必要的说明，争取高校教师的理解，防止高校教师利益受损，保持高校教师参与高校管理的自主性和积极性。

（2）塑造健康和谐的人际关系

在大量的研究中发现，管理者的领导方式对员工有着重要的、积极的推动作用。当高校教师在组织中感受到信任和被重用时，个体就会为组织目标和个人目标努力奋斗。高校领导应给予高校教师支持和信任，尊重他们在教学活动中的个人特色，相信他们有能力控制好教学活动，对他们的工作表现给予及时的认可和反馈。同时，对高校教师生活方面加强关怀，提升高校教师的自信心，使他们充分感受到组织的关心和爱护。高校要关爱每一个高校教师，关注他们的工作、生活、心理方面的需求，提升高校教师的归属感。

教师的成长离不开与别的教师之间的合作与交流，这就需要创造一个良好的群体合作的互动氛围。借鉴学习型组织理论，团体学习可以更好地激发智慧，弥补个人不足，教师通过和其他同事之间的学习与交流，学会理性思考问题和自我反思，实现专业知识技能的提升和情感的升华。高校应创造高校教师之间合作交流的机会，比如定期举办教学午餐会、主题教学沙龙等。高校教师通过参加活动可以探讨教学经验，交流学术心得。高校教师不仅可以充分了解其他同事的优点，取长补短，提升自己的教学能力，而且能够增进同事之间的友谊。同事之间相互理解和支持，同时高校给予政策支持，为高校教师职业发展营造一个健康和谐的环境，提升教师归属感，激发高校教师的奉献创新精神。

（三）促进高校教师合理流动

1. 加强高校教师职业认知，增强职业认同感

高校教师的职业认知、职业期望、职业技能、职业情感和职业价值观构成了高校教师的职业认同感。职业认同感影响到高校教师的工作投入和工作积极性，

进而影响高校的教育教学质量、师资队伍建设。高校教师可以通过正确的自我定位和提高职业道德等途径，增强自身的职业认同感，实现高校教师群体合理、有序地流动。

（1）正确进行自我定位，加强高校教师职业生涯管理

高校教师正确的自我定位和进行自我职业生涯管理，对于加强职业认知和增强高校教师职业认同感具有重要的作用。高校教师自我职业生涯管理围绕自身和高校发展进行定位，首先从自我分析评估开始，其次进行职业定向、明确目标路径以及制订计划，最后采取措施和行动。在此过程中，高校教师要不断开发自己的能力。

职业生涯规划可以帮助高校教师更好地明确自己的人生目标，高校应指导高校教师对其目标进行合理地分析，使其形成潜在的职业发展动力。高校管理者应适时提供教育目标以及办学宗旨和相关政策信息，从而引导高校教师制订正确的职业发展规划。首先，高校管理部门要关注高校教师的发展需求，重视和支持高校教师发展，这有利于实现高校教师发展与高校长远发展的双赢。其次，高校应该建立专门的高校教师职业规划指导机构。对于高校教师的发展需求，高校不能只关注眼前，应考虑高校教师职业的长远发展，通过专家的专业指导，确保职业规划的科学性和全面性，使高校教师的职业规划真正落到实处。最后，建立健全制度化的高校教师职业发展体系。只有实现高校教师职业生涯规划制度化，才能保证高校教师职业生涯规划管理的规范化和连续性。

（2）提高高校教师职业道德，挖掘内在感染力。

高校教师不仅要在教学中保持有良好的形象，还要不断提升和完善自己，提高自身的职业道德修养，用自己的态度、行为和性格引导学生、感染学生。

2. 高校提高高校教师保障，降低高校教师承担的风险

（1）完善高校教师聘任制度，降低流动风险

我国高校教师聘任制度的改革与深化，在解决高校教师队伍缺乏活力、资源配置不合理等问题上发挥了较大作用。但还应看到，我国的高校教师聘任制度仍存在许多问题，比如过分强调职称而忽略教学水平、聘任模式僵化等。由于现有的高校教师聘任制度存在不合理因素，高校教师的显性流动存在障碍，就有可能会产生隐性流动的问题。因此，应该要营造人才有序流动的环境，完善我国高校教师聘任制度。

（2）提高高校教师的物质和非物质保障，减少隐性流动

一是构建有吸引力的薪酬激励制度。高校要想留住人才，必须先构建有吸引

力的薪酬激励制度，提高高校教师的整体薪酬和待遇。各高校可以本着"竞争、公正、公平"的原则根据其实际情况确定基本工资、职务津贴和岗位绩效工资的比例，制定相应的薪酬模式。

二是构建和完善高校非物质保障制度，给予高校教师相应的非物质保障，提升高校教师的群体归属感和成就感，从而吸引和留住人才。

3. 政府提供良好的环境支持，促进高校教师合理流动

（1）转变观念，重视合理流动的必要性

当今时代是一个开放、自由和竞争的时代，要求政府也要相应地转变传统观念。教师是履行教育教学职责的专业人员。在过去，教师的聘用是无期限的，没有聘任制度和配套的监督考核制度，也缺少激励机制，教师的工作缺乏必要的竞争和激励，导致教学质量和学术水平下降，进而影响整个学校的教学水平和综合实力，不利于国家教育事业的发展。

在市场公平竞争的条件下，高校鼓励教师通过合理流动去到最适合自己的岗位上，发挥自己的作用，实现自身的价值。

（2）推进高校教师市场建设，形成市场竞争

进行高校教师市场建设，使高校教师与高校在进行聘任沟通时实现双方的信息对称，可以拓宽高校教师流动的信息渠道，降低工作流动的成本。现阶段，我国高校教师市场面临着供大于求的状况，有大量的人才想要进入高校。在这种情况下，高校处于优势地位，人才处于劣势地位。一方面，高校会提高高校教师的准入门槛；另一方面，人才对于自己的求职处境也会形成一定的心理落差。政府相关部门要积极推进高校教师市场建设，形成高校间、高校与高校教师间及高校教师间的互相竞争。这样才能实现高校教师队伍的合理流动和教育质量的提高。

（四）完善高校教师职业生涯培训规划

在经济和互联网技术高速发展的今天，知识更新换代的速度非常快。若不继续学习，很难满足现实工作的需要，高校教师也不例外。在这种外部环境压力下，高校教师要增强自主发展意识，对自己的职业生涯应有良好的规划。高校教师在教学过程中，应及时关注行业的发展趋势和动态，并通过学历进修、在职学习等多种手段，不断提升自我发展的能力；应积极大胆地尝试项目教学、案例教学、开放课堂等先进的教学方法，积极进行总结。在每次培训结束后，应端正学习理念并结合总结的教学行为及时进行总结、反思。经过多次反思，自身会变得越来越成熟，进而推动高校教师队伍职业生涯的发展。

为实现教师个人职业生涯发展目标与高校发展目标的统一，高校应立足校情，强化教师职业生涯管理意识。高校面对激烈的竞争，应完善教师培训体系，重视教师的职业生涯规划，增强自身的核心竞争力，如建立一套完整的、符合校情的在职培训体系，采取聘请专家做专题讲座等培训措施；高校积极与企业、科研单位建立协作关系，定期到合作单位进行观摩、学习。对于高校教师的职业生涯管理，各高校应立足本校实际，对高校教师进行客观自我认知，高校教师职业发展途径和高校教师职业生涯发展档案进行高度重视。部分高校教学无压力、科研无动力的现状对高校教师的职业成长很不利，建立高校教师职业生涯评价标准不仅有激励与鞭策高校教师自身发展的作用，还可使高校教师认清自身专业能力和教学水平的优势与不足，树立正确的职业生涯发展观念。另外，高校教师还应善于处理职业生涯中客观存在的压力与矛盾，提升应对挫折的能力和抗压能力。

高校教师职业生涯规划不仅仅是个人和高校的事情，还需要国家政策的大力支持，同时还应有相应的法律法规支持，如国家应加大对高校硬件设施的投入，促进高校的产学研一体化发展，在继续教育方面，应注意继续教育的实效性，在政策层面应加大宣传力度；高校教师个人应明确自身职业生涯规划，找准适合自己专业的发展方向和研究兴趣；高校应制定发展的总体目标和师资队伍建设的总体规划，注重激发高校教师对本职业的激情和动力。

第五章 高校辅导员

高校辅导员是大学生思想政治教育的中坚力量，对于高校辅导员工作的研究，有助于推动高校工作的良性发展。本章主要内容为高校辅导员工作研究，第一节为高校辅导员概述；第二节为高校辅导员职业认同；第三节为高校辅导员核心职业能力的培养。

第一节 高校辅导员概述

一、高校辅导员的概念

辅导，字面上的意思是帮助和指导。高校辅导员是指对学生进行帮助和正确指导的校内工作人员。高校辅导员在高校中从事和学生相关的日常工作，包括生活、学习、心理辅导、评优评奖、就业创业指导等，有的高校辅导员还会承担部分教学工作。本章所研究的辅导员是指普通高等学校中全日制本科的专任辅导员。

2006年颁布了《普通高等学校辅导员队伍建设规定》，从高校辅导员的隶属关系、工作性质定位以及工作目标三个方面对高校辅导员的概念进行了界定。高校辅导员既是教师队伍的重要组成部分，同时也是管理队伍的重要组成部分；高校辅导员是开展高校基层思想政治教育的重要力量，负责组织实施具体的基层思想政治教育管理活动；高校辅导员应当指导和促进学生全面成长、成才。

二、高校辅导员角色解析

(一) 高校辅导员角色相关概念界定

1. 角色相关概念的界定

(1) 角色

在戏剧的舞台上，根据戏剧规则进行行为表演的特定人选被称为角色，美国著名社会学家乔治·米德（George Mead）将这一词引用到了社会学中，并结合社会学理论、从社会学角度给予了合理的解释。当社会人在扮演某一特定的社会角色时，产生了符合这一角色的行为举止，并使这些行为举止成为其专属的社会行为规范和行为模式；即使日后角色扮演的主角人物消失了，这一角色仍然是存在的，因为其行为举止已经对社会产生了一定的影响，且不可被替代。在米德做出合理解释后，角色这一词被引入社会各个领域。我国学者郑杭生认为，社会地位是社会角色的象征，能够凸显与其身份相匹配的权利和义务。学者李铮认为，社会上每一个角色都拥有来自同一领域内与之产生互动的人群的角色期待。在这一领域内，角色会拥有与之行为相匹配的社会身份和社会地位，并具有相对应的权利去履行其社会职责。

由此可见，"角色"一词在不同领域有不同的解释和定义。从以上解释来看，角色是在指定的环境下所产生的一种必然的、特殊的社会个体或群体，拥有能够彰显其独特之处的地位。这一个体或群体角色在进行角色扮演的过程中会产生一系列的行为表现且对社会发展带来一定的影响，并且社会对这一个体或群体角色有着专属的角色期望。

(2) 角色定位

角色定位是指在特定的环境下，相对于其他互动角色，个体或群体角色拥有专属于自己的且无法被替代的定位，这种定位往往与角色特征、角色行为和角色期望有着密不可分的关系。并且，角色定位会受到社会环境和时间等因素的影响而发生变化。

(3) 角色行为

角色行为是在个体或群体进行角色扮演时所产生的特定的行为，这种行为可能会有利于塑造人物良好的角色形象，也有可能会改变其所处环境，当然也会存在破坏其角色形象的可能。个体或群体会在进行角色扮演的过程中因环境的变化而产生相对应的角色行为，主要是受到主观意识的影响。有学者认为，只有在人们认同并确定承担特定的社会角色时，他们才能做出与这一角色相关的、特定的角色行为。如果角色遇到突发状况时，角色也会产生相应的变化、反应。

换言之，只有指定角色在进行角色扮演时所产生的一系列相对应的具体行为，才能被人们称之为角色行为，且这些角色行为才会有与之相对应的具体意义。

综上，角色行为主要指的是社会中的各类角色在指定的环境氛围内在进行角色扮演时所产生的特殊的行为动作。

（4）角色期望

有学者认为，角色期望是某个个体角色或某类群体角色对某一指定角色的扮演及行为所产生的期望。换言之，角色期望主要是通过角色及其角色行为给人们带来的主观认知所产生的主观意识期望。人们会通过角色期望判断其角色行为是否符合这一角色的身份和地位。还有学者认为，人们会根据社会角色所拥有的社会地位、权利、责任和义务建构对这一社会角色的角色期望。角色期望往往会在对角色行为进行规范时产生，并提出符合其角色行为的要求。在日常生活中，人们会根据角色期望来掌控自己的行为，依据角色期望对他人的行为进行预测和评价。高校辅导员作为一种社会角色也要面临社会的期望。

2. 高校辅导员角色及内涵

（1）高校辅导员角色

高校辅导员角色是指个体在高校从事辅导员工作时所呈现出的满足角色期待的行为模式。社会其他角色对高校辅导员角色有着专属的角色期望，且高校辅导员角色拥有高校辅导员的身份与地位，行使其相应的权利和义务。

（2）高校辅导员角色的内涵

中华人民共和国教育部于2017年9月颁布的第43号文件《普通高等学校辅导员队伍建设规定》清楚地指出，高校辅导员是高校的骨干，他们的主要角色行为是组织、指导大学生的日常学习和生活，努力与学生成为知心朋友，同时也是其人生导师。

由此可见，高校辅导员这一角色在高校乃至高等教育领域中扮演着无法替代的重要角色。相比其他在校教职工，高校辅导员的工作职能有很多，最核心的就是促进学生全面发展。高校辅导员在高校众多角色中拥有独特的身份和地位，包含了来自社会各类角色的角色期望。从高校辅导员角色的发展历程来看，高校辅导员在高校中所扮演的主要角色就是高校思想政治教育的指导者。随着社会需求的改变以及高等教育的迅猛发展，辅导员的工作范围在不断地外延、扩大。从最初的政治性工作演化为现在同时从事政治性工作、教育性工作和服务性工作。

（二）高校辅导员角色定位存在的问题

1.高校辅导员的角色不清

高校辅导员管理学生的各项事务，如课程安排、上课出勤和组织各种活动等，高校辅导员与学生之间的关系通常被理解为管理者与被管理者，教师与学生的关系时常被忽略。由于高校辅导员职责覆盖范围模糊，日常事务琐碎，工作重点难以突出，而且处于受多个部门管理和监督的高校管理机构最底层，使高校辅导员很难获得和专职教师一样的尊重，其教师身份时常被忽视。高校辅导员岗位时常被认为是不具有专业性，容易替代的职位。

由于高校辅导员日常事务繁重和角色定位不清晰，使得高校辅导员的本职工作不能很好地开展，容易导致高校辅导员对未来职业发展不明确，职业发展信心和动力不足，造成很多高校辅导员在心理上缺少归属感和成就感，不利于高校学生事务工作的顺利开展。

2.高校辅导员的角色冲突

辅导员扮演着多重角色，既是社会、高校、家庭之间的纽带，也是教师、学生和家长之间的桥梁，承载着来自不同方面的期望。对于国家而言，希望高校辅导员成为思想政治教育的引导者，提高学生思想觉悟；对于学校而言，希望辅导员成为学生的良师益友，成为高校相关政策的良好传达者和执行者；对于学生家长而言，希望高校辅导员关心和负责学生的生活和学习；对于学生而言，希望高校辅导员不是管理者，而是知心朋友。

可以看出，高校辅导员在高校工作中处于节点位置，在这个节点上要寻求平衡，处理不当就很可能使自身威信和学生的亲近感下降。高校辅导员作为高校教师的重要组成部分，渴望得到社会的良好评价和认可，渴望得到任课教师同样的待遇和尊重。辅导员对个人发展空间和职业长远规划、科研和培训也有要求，这些要求往往容易引起角色冲突。

此外，面对日益变化的各种观念，高校辅导员如果不能及时转变观念进行应对，对新旧观念进行适应，很可能在工作中陷入角色冲突。

（三）对高校辅导员角色定位的建议

1.坚持把思想教育者角色摆在首位

调查结果显示，高校辅导员的角色定位虽然丰富，但学生最希望辅导员是学生问题的解惑者。高校辅导员应首先扮演好这一角色。面对学生在学习和生活方面的问题，高校辅导员要积极帮助学生解决问题；面对复杂的国际局势，高校辅导员应对学生的思想加强引导，明确自身的岗位职责，明确自身思想政治教育者的身份。

2. 降低管理者角色的显要位置

调查结果显示，学生最不希望高校辅导员扮演"学生工作的管理者"这一角色。高校辅导员的角色定位虽然将学生的意愿作为依据，但不能完全遵循学生的意愿。因此，高校辅导员要逐步淡化其"学生工作的管理者"这一角色，由学生工作的管理者逐步转为学生工作的服务者角色，以便更高质量地完成学生工作。此外，高校辅导员要逐步降低管理者在其角色组合中的显要位置，改善自己与学生之间的关系，与学生平等相处，提升自身的亲和力。

3. 突出教育、管理、服务三位一体

新中国成立初期，学生工作的主要任务是对学生进行思想政治教育与辅导。改革开放以后，学生工作日益复杂，高校辅导员在复杂的学生工作中主要发挥管理者的作用。20世纪90年代中期以来，教学观念和教学模式不断进步和发展，高校辅导员在学生工作中主要扮演服务者的角色。在开展学生工作的过程中，高校辅导员要同时扮演教育者、管理者、服务者这三种角色。其中，教育者是主体性角色。要做好学生工作，高校辅导员要将这三种角色统一起来。

4. 扮演在学校与学生之间沟通协调的角色

调查结果显示，学生非常希望高校辅导员扮演"学校和学生的沟通者"的角色。高校辅导员应重视学生这一意愿，扮演好"学校和学生的沟通者"的角色。

5. 加强思想政治工作队伍内部的分工与协作

高校辅导员是高校思想政治工作队伍的一个重要组成部分。为提高学生的思想道德素质，使学生全面发展，高校辅导员要与高校教师、学生主管部门、思想政治理论课教师、学生就业指导教师、高校心理咨询中心专业人员相互配合，共同完成学生的思想政治教育工作。

三、高校辅导员工作内容

（一）大学生思想政治教育工作

政治引领是大学生思想政治工作的根本，这就要求高校辅导员要发挥"关键少数"带动"绝大多数"的示范引领作用。这里的"关键少数"可以理解为以高校辅导员为首、其他优秀党员为支部的少数，通过自身的模范带头作用，引领大学生健康成长。

思想引领的关键在于理论联系实际，强调知行合一，推动广大青年学生增强道路自信、理论自信、制度自信、文化自信，自觉提高政治敏锐性，提升鉴别能力，坚持正确的政治方向，坚定崇高的理想信念。这就要求高校辅导员应发挥思想引领作用，通过多种渠道和方式，引领大学生树立坚定正确的理想信念。

（二）大学生学习及心理健康指导工作

大学生学习及心理健康指导工作包括心理健康教育、职业规划、创新创业教育。

随着时代的不断进步和发展，高校辅导员教育工作的覆盖面和范围不断扩大，既要对学生日常学习和生活进行指导，也要关注学生学习上、生活上的变化和社会思想素质的发展，重点引导学生充分发挥主观能动性，自主学习，独立思考。

大学生正处在身心逐步成熟和价值观塑造的关键时期，受各种网络信息的影响，容易产生价值取向错误、人生规划混乱等不良后果。基于此，高校辅导员必须通过教育和引导的方式，帮助其通过正确的渠道接受正确的教育，为其进入社会发展打下坚实的基础。

（三）日常基础工作

日常基础工作包括奖勤助贷、党团建设、班级管理、安全稳定事务处理和突发事件处理等事务性管理工作。

四、新时代高校辅导员角色的建构

（一）组织在个体角色建构中的策略

在角色建构中，组织需要定义角色的合法性、分配角色并对角色进行评估。在高校辅导员的角色建构中，组织可看作是教育行政主管部门和高校，教育行政主管部门定义高校辅导员的角色期望、提供高校辅导员职业发展所需的支持；高校分配高校辅导员角色并对角色实践情况进行评估。在高校辅导员的角色建构中，组织需要采取减少高校辅导员角色期望的多样性、提高高校辅导员角色领悟

第五章　高校辅导员

程度、减轻角色实践的工作量、营造高校辅导员良好的工作和学习氛围等措施来帮助新时代高校辅导员进行角色建构。

1. 减少高校辅导员角色期望的多样性

高校辅导员的角色期望是与时俱进的，新时代高校辅导员角色期望有发展性、多样性和冲突性的特点。在新时代，高校辅导员的角色较多，包含9个不同领域的角色，即事务工作者、理论和实践研究者、教师、朋友等性质不同的角色。事务性工作者需要个体耗费大量的时间和精力，工作内容重复性很强，而理论和实践研究者需要个体静心于理论研究，要求个体富有创造性，两个角色对其扮演者的要求相差甚远，因此高校辅导员在扮演事务性工作者角色的同时，难以再扮演好理论和实践研究者的角色。"教师"为人师表，为学生传道授业解惑，是学生的师者和长辈；而"朋友"是建立在双方平等基础上的身份，要求双方有一定的相似性，是伙伴和同辈。高校辅导员在扮演教师角色的同时，再扮演好朋友的角色有些难度。新时代高校辅导员角色的发展导致其角色的多样性，而角色的多样性又导致其角色的内在冲突性。在国家和社会所赋予的高校辅导员的角色期望不能改变的情况下，配置班主任和高校辅导员助理来承担部分角色，是减少高校辅导员角色期望多样性的另一种途径。班主任和高校辅导员助理可以扮演学生日常事务管理者的角色，协助高校辅导员开展入学教育、勤工俭学活动及相关管理和服务工作，协助处理各类奖学金、办理助学贷款事宜，为学生提供生活指导等。

2. 提高辅导员角色领悟程度

从对新时代高校辅导员角色领悟的现状的分析可知，高校辅导员对自身不同角色的认同感和领悟程度各有不同。其中，思想理论教育和价值引领者的角色领悟程度最高，接近百分百，理论和实践研究者角色领悟程度最低，有23.6%的高校辅导员不认同此角色。高校辅导员的角色领悟程度决定其角色实践，要致力于提高高校辅导员角色领悟的充分性，就需要结合高校辅导员的职业成长环境、成长路径以及外部需求来进行分析；推动思想政治教育学科建设，加大高校辅导员专门人才的培养力度；建立职业准入制度，把好高校辅导员入口；实行高校辅导员工作注册制，对高校辅导员工作过程进行把关；完善各级培训制度，加大高校辅导员培训力度。

（1）推动思想政治教育学科建设，加大高校辅导员专门人才的培养力度

和国外的大学生事务工作者不同，我国目前并没有针对高校辅导员工作要求而设立的大学专业去培养高校辅导员专门人才，大多数高校在招聘高校辅导员时

也并不限制高校辅导员的专业，这就造成了新手高校辅导员在扮演角色的初期无法深刻地认识角色期望，也就不可能很好地进行自身的角色领悟，这成为高校辅导员在角色领悟中的先天劣势。强大的学科支撑，连贯的人才培养路径是专门人才培养的重要条件。高校辅导员最初的职业角色为"政治引路人"。因此，思想政治教育学科作为其学科支撑有其历史性和必然性。但随着时代发展，思想政治教育学科的支撑是否足够，是否在时机成熟时可以将辅导员工作发展为学科的一个专业方向，高校辅导员工作专业方向是不是社会学、心理学、思想政治教育学科的交叉领域，这些都是高校辅导员是否能够深刻领悟自身角色需要解决的问题。

与此同时，高校辅导员博士培养作为高校辅导员高级专门人才的重要培养途径，应该在学术上、实践上为博士生创造良好条件，高校亟须一批既具备从事高校辅导员职业的相关理论知识，又熟悉高校辅导员实际工作的博士生导师来加大高校辅导员博士的培养力度，让理论走出书斋，和高校辅导员的工作实际紧密结合，提高高校辅导员整体的角色领悟程度。

（2）建立职业准入制度，把好高校辅导员入口关

建立必要的职业准入制度，可依据《高等学校辅导员职业能力标准（暂行）》的知识范畴进行专门考试，通过后取得执业资格证书，有执业资格的人才能参加高校辅导员的选拔任用。采用全国统一的高校辅导员工作记录，由权威机构进行记录和认证，使高校辅导员的管理过程实现统一化和规范化。

3. 减轻高校辅导员角色实践的工作量

由高校辅导员角色实践现状可知，高校辅导员在角色实践中都面临繁重的事务性工作，并且耗费掉大部分精力，导致自我角色领悟和角色实践难以保持一致。要减轻高校辅导员角色实践的工作量，提高高校辅导员角色扮演的充分性，需要采取划清高校辅导员工作界限的策略。教育行政部门需要推动高校进一步明确高校辅导员的工作边界，高校需执行教育部相关文件，按照规定足额配备高校辅导员，明确高校辅导员的工作边界，避免高校辅导员完全陷入日常事务性工作。

4. 促进高校辅导员有效建构自我角色

组织应该采取组建高校辅导员工作团队、打通高校辅导员多线晋升通道的策略来帮助新时代高校辅导员有效建构自我角色。

（1）组建高校辅导员工作团队

高校应组建辅导员工作团队，在配置一线高校辅导员时遵循事务性高校辅导员（本科生）和研究型高校辅导员（硕士、博士）相结合，初级、中级、高级高校辅导员相结合，不同专业教育背景的高校辅导员相结合的原则。在日常培训中

丰富培训的层次和内容，同时引导不同年龄的高校辅导员结合自身特长进行职业规划，鼓励他们进行自我角色的建构。

（2）打通高校辅导员多线晋升通道

高校要落实《普通高等学校辅导员职业能力标准（暂行）》《普通高等学校辅导员队伍建设规定》中的人员配置、职称评聘等政策，避免出现政策"空转"，落实高校辅导员职称评聘单列计划，单设标准，单独评审，评审过程应充分考虑高校辅导员工作的特殊性，不能简单地统一到专业教师队伍中一概而论。各高校应根据自身情况制定高校辅导员评级定级细则，对应相应的职级待遇，让高校辅导员职务晋升不单走狭窄的机关途径，形成高校辅导员职称、职务、职级的多线晋升通道，稳定高校辅导员队伍，做好高校辅导员专业化、职业化发展的导向工作。

（二）个体在自我角色建构中的策略

高校辅导员可以通过以下途径建构自我角色。

1. 寻求配合，减少角色期望的多样性

高校辅导员是高校教师与管理队伍的组成部分，需要和职能部门配合、和其他高校辅导员配合、和专业课教师配合，共同做好大学生思想政治教育工作与管理工作。同时，面对烦琐细致的事务性工作，高校辅导员可以通过建立学生干部团队或兼职高校辅导员团队来分担部分工作，在培养学生干部的同时保留自己的精力，运用到其他更为重要的角色实践上。

2. 加强业务学习和理论研究，提高角色领悟程度

高校辅导员在工作过程中面临多种期望。国家和社会期望高校辅导员辅助教师将大学生培养为国家发展所需要的青年人才；高校期望高校辅导员配合高校各个部门完成大学生的育人工作；家长期望高校辅导员能够监督孩子圆满完成学业，锻炼自身能力，为未来就业打下基础；学生期望高校辅导员能够关心自己的个性发展，为他们提供学习、生活等各个方面的实际帮助。要实现以上多方期望，需要高校辅导员明确自身使命，并熟知职业理论、法规和知识，充分认可自身的九个角色，这是高校辅导员能否实现角色期望的前提。

高校辅导员可以抓住国家对高校辅导员的培养机会，如参加全国高校辅导员示范培训班等。这些业务学习能够在不同程度上加强高校辅导员对自我角色的认识和认同，更为深刻地认识自我角色，为角色实践做好铺垫。高校辅导员同时要提高"理论和实践研究者"的角色领悟程度，坚持科学研究。开展理论结合实践的学术研究，申报各级课题，发表学术论文，提高理论水平，提升科学研究能力。

3. 总结事务性工作的规律，减轻角色实践的工作量

高校辅导员要总结事务性工作的规律，减少重复的事务性工作造成的精力耗损。整日处理烦琐的事务性工作，是大家对于高校辅导员工作状态的普遍认知。而看似烦琐的工作，其实也有其规律和章法，高校辅导员需要在工作中加以留意和总结，就能事半功倍，减轻自身角色实践的工作量。

4. 增强角色期望、角色领悟、角色实践的内在一致性

由上文的分析可知，高校辅导员面临着角色期望的多样性、角色领悟的不充分性和角色实践的工作量繁重等角色建构的困境。社会学角色理论认为，角色期望决定角色领悟，角色领悟的程度又决定角色实践的情况。由于高校辅导员个体的差异和其工作环境的差异，三者难以完全保持一致。高校辅导员需要在组织的支持下，减轻角色实践的工作量，保持角色实践与角色领悟一致，从而呈现理想的工作状态。高校辅导员要抓住新时代的新机遇，努力让个体蜕变为既懂思想政治理论、又懂工作实操业务；既能开展常规教育管理工作，又能应急处理各类危机事件；既能埋头事务性工作，又能提笔进行理论研究的新时代高校辅导员。

第二节 高校辅导员职业认同

一、高校辅导员职业认同概述

（一）高校辅导员职业认同的内涵

高校辅导员职业认同是指高校辅导员在工作过程中基于对职业的价值和意义进行充分理解和正确认识，内心对其充满情感与自信，并自觉主动地将职业规范内化到自身行为当中，从而获得较强的成就感和乐趣。理解高校辅导员职业认同的内涵，必须结合高校辅导员职业的特点。

我国高校辅导员很早便已产生，先后经历了萌芽、确立、发展、停滞和恢复五个阶段。每一个阶段的高校辅导员都有不同的历史使命和工作职责。2004年，"政治辅导员"改名为"辅导员"，辅导员演变为大学生健康成长的人生导师和知心朋友，开展大学生日常思想政治教育和管理服务工作的组织者、实施者和指导者，这进一步凸显了高校辅导员教育、管理、服务的复合型角色。

第五章 高校辅导员

高校辅导员职业认同的内涵包括四个方面的内容：职业身份认同（职业价值观、职业归属感）、职业能力认同（做人的能力、做事的能力）、职业待遇认同（物质待遇、精神待遇）、职业地位认同（受尊重、被重用）。

1. 职业身份认同

职业身份包含职业价值观、职业归属感等内容。职业价值观反映的是高校辅导员在从事辅导员工作的过程中，是否把辅导员工作当作一个职业，是否坚持专业化、职业化的理想，是否把思想政治引领当作自己的主要职责。职业归属感反映的是高校辅导员在思想上、情感上对工作、对集体的认同感、归属感和使命感。它反映的是高校辅导员个体是否以从事辅导员职业为荣，是否认为自身工作对学生的成长、成才很重要，反映了内心深处对职业的认可。

2. 职业能力认同

高校辅导员的职业能力大体上包括做人的能力、做事的能力等。做人的能力反映的是高校辅导员的为人处世能力，比如是否能够建立和谐的同事关系，齐心协力开展工作，是否具备良好的沟通协商能力，是否具备领悟、分析关键问题的能力等。做事的能力反映的是高校辅导员的职业技能，是否能够认真完成服务管理、教学科研等本职工作，履行岗位基本职能，是否任劳任怨、尽心尽责地帮助学生解决相关问题，是否具备人生导师和知心朋友的基本素养等。

3. 职业待遇认同

职业待遇包括物质待遇、精神待遇等内容。物质待遇认同反映的是高校辅导员通过工作获取的综合报酬能否满足自身需要，是否对高校的工资待遇感到满意，是否能够解决基本的正常开支等。精神待遇认同反映的是高校辅导员对高校所提供的各种软硬件设施是否感到满意，高校是否真正关心高校辅导员的工作、生活，是否对其工作给予相应的支持和帮助，高校制定的各种政策、提供的环境是否让其感到身心愉快，反映的是一种付出与收获是否成正比的心态。

4. 职业地位认同

职业地位认同包括受尊重和被重用等内容。受尊重的认同反映的是高校辅导员对自身在高校中所处地位的认可态度。它包括是否能够受到高校领导、专业教师和行政人员的尊重，是否能够受到服务对象的尊重与信赖等。被重用的认同反映的是高校辅导员在所处的组织环境中是否有被器重和重视的感觉，以及程度如何等。它包括高校领导是否对高校辅导员的工作感到欣慰或满意，是否在职务晋升或职称评审中制定了优惠政策或结合了高校辅导员工作实际，是否在年终奖金、廉租房分配等方面给予高校辅导员和专任教师同等待遇等。

（二）高校辅导员职业认同的特点

1. 相对稳定性

相比较其他职业而言，高校辅导员职业认同表现出一定的稳定性。大部分高校辅导员总体上对高校辅导员职业抱有较高的期望，愿意把辅导员工作作为事业来做。

2. 多重复杂性

大部分高校辅导员充当着高校学生管理的多重角色，他们既是大学生日常事务的管理者，又是引领大学生思想的教育者，还是大学生健康成长的服务者。这充分体现了高校辅导员身份的多元化和职业认同的多重性。另外，现代网络技术的推广与应用改变和丰富了高校辅导员的职业角色。高校辅导员被赋予了教育信息的传播者、网络活动的组织者、舆论思想的引导者、价值观念的评论者等多种新角色，体现了高校辅导员职业认同的多重复杂性。

3. 协商性

在高校辅导员职业认同的形成过程中，他们的职业认同是各种协商的结果。如工作职责和实际角色的协商、教育理念和教育方法的协商、个人需求和组织要求之间的协商等，高校辅导员通过协商达到了对职业身份的确定和职业价值的认同，从而形成新的职业认同。

4. 阶段性

处于不同时期的高校辅导员的职业认同水平受社会环境、高校政策、组织文化、个人情绪因素的影响不尽相同。一般情况下，处于专家期的高校辅导员对职业认同的认识最为全面，其职业认同水平最高。处于发展期的高校辅导员的职业认同水平略低一些，处于适应期的高校辅导员的职业认同水平最低。由此可见，高校辅导员职业认同水平具有阶段性特征。具体来讲，处于适应期的高校辅导员有着明显的"求适应"特点。他们更多地关注自己能否管住学生，能否被学生接受认可，能否尽快地熟悉各种业务。他们积极进行个人调整以适应学生的需求和迎合领导的评价。他们对未来的专业化、职业化之路充满希望，但也有担忧。处于这一阶段的高校辅导员一旦出现畏难、怕累情绪，就会产生离职心理，所以这一阶段是高校辅导员离职的高发阶段。处于发展期的高校辅导员一般都较熟悉学生工作的各个流程和环节，他们希望在某一方面取得一定的成绩或被认可，因此，工作质量和效率都比较高，也容易做出成绩。这一时期的辅导员职业认同水平较高。处于专家期的高校辅导员大都取得了一定的成绩或荣誉，在学生管理的某一方面有一定的见解和造诣，面对平时多而杂的学生工作，他们往往会选择自己感兴趣或认为有价值的工作去做，表现出了一定的专业性。这一时期的高校辅导员的职业认同水平最高。总而言之，处于不同阶段的高校辅导员，职业认同水平也不尽相同，具有阶段性特点。

二、高校辅导员职业认同存在的问题

（一）部分高校辅导员缺乏良好的职业道德

高校辅导员作为一个奉献社会的角色，很多时候付出要比回报多，但它的社会地位会受到一些人的轻视，不能得到应有的尊重，导致有一小部分高校辅导员责任意识不强，献身于教育事业的思想不坚定。有些高校辅导员的思想道德品质不高，不能够很好地教育学生。

（二）部分高校辅导员职业归属感低

工作满意度是职业归属感这个指标的一部分，高校辅导员的工作满意度普遍低下直接影响到了高校辅导员的工作积极性。造成这一现象的原因有两方面。第一个方面是高校辅导员没有在社会工作中受到应有的尊重，大家都认为高校辅导员并不是一个专门的教师，只有辅助学生的生活和学习这一个作用。高校辅导员的付出和回报一直不成正比，这就导致高校辅导员对自己的工作满意度一再降低。第二个方面是难以获得自身的满足，自身的满足指的是高校辅导员自身的成长、高校辅导员自身专业技能的提升。对高校辅导员来说，日复一日持续且大量的工作会造成很大的心理压力，并且工作的内容和形式不会发生太大的变化，所以高校辅导员在工作中所获得的成就感不足，那么自身的满足也无法得到实现。

三、高校辅导员职业认同存在问题的原因

（一）培训有待加强

高校辅导员队伍的职业化建设需要培训。目前，全国多数省区市每年开展各层级的高校辅导员培训，但由于部分高校的辅导员数量配备不够、人员吃紧，再加上学生工作千头万绪，培训的住宿和交通费需要学校提供，个别学校为了不耽误工作的开展，节省相关的费用开支，不派出高校辅导员参与培训，直接导致了该校辅导员的学习不够、能力提升较慢，对高校辅导员的职业认同感较低。

（二）待遇保障有待提高

待遇保障是增强高校辅导员职业认同的核心，也是体现辅导员职业价值的重要标准。部分高校辅导员的待遇保障没有及时跟上。高校辅导员的待遇保障不够主要体现在两个方面。第一，课时津贴。部分高校对选择教师岗的高校辅导员在没有事先与相关部门沟通协商的情况下，不给予课时的保障，却制定了相关的年终考核指标，对没有达到一定教学工作量的高校辅导员考核结果不合格，扣发一定的年终奖。另外，对于超课时津贴不予承认，和专任教师同工不同酬，让高校辅导员独自承受精神和经济的双重损失。第二，廉租房分配。部分高校修建了一定数量的廉租房。但在制定分配方案时，没有考虑到高校辅导员工作的特殊性，忽略了高校辅导员应该时常与学生在一起的职业要求。并且由于大多数高校辅导员资历浅、职称低、级别低、地位低，他们分配不到好房子或分不到房子，致使一部分有家庭的高校辅导员每天长途奔波于家与学校之间，既脱离了学生，也没有照顾好家庭，其职业认同感直线下降。

（三）工作职责不明晰

明确工作职责是体现某一职业专业化、职业化的前提。教育部关于《普通高等学校辅导员队伍建设规定》对高校辅导员的工作职责进行了明确的划分，规定了八条职责。其主要职责是进行思想政治教育，帮助学生树立正确的"三观"。然而在现实中，大部分辅导员整日陷于日常的琐事之中，没有足够的时间和精力去开展思想引领层面的本职工作。因此，确立工作边界，分清工作主次，明确工作职责是增强辅导员职业认同的必然要求。

（四）部分高校辅导员自身专业技能欠缺

在当前高校中，部分高校辅导员自身缺乏专业知识，例如心理学、教育学等方面的知识，平时用于学习的时间较少。高校辅导员应该意识到，为了能够更好地服务学生，必须不断学习，不断加强自身的专业技能，专业技能的欠缺在一定程度上导致了高校辅导员职业认同感较低。

四、增强高校辅导员职业认同的对策

（一）优化顶层设计

1. 全面落实国家政策

国家政策是推进高校辅导员专业化、职业化发展的标准规范，是高校辅导员队伍建设的依据，同时也是各高校进行辅导员职业发展顶层设计的重要依据。中共中央一直紧跟时代的步伐制定政策来促进高校辅导员队伍的健康发展，但在政令下达执行的过程中由于多种原因，执行力度常常会大打折扣。可以将对高校辅导员制度的执行情况纳入各地政府、各高校的考核之中，通过对相关政策的落实，从实处提高高校辅导员的地位，增强职业认同。

2. 制定必要的配套保障措施

部分高校制定了辅导员队伍专业化、职业化发展的政策方案，为高校辅导员的职业发展描绘了美好的蓝图，进行了优良的顶层设计。可是，由于没有制定必要的配套保障措施，导致高校辅导员的职业发展受到阻碍。如有的高校制定高校辅导员既可以参与教师职称评定，也可以参与行政管理岗位竞聘的制度，但却没有为高校辅导员安排必要的课时，使得高校辅导员在参与评聘教师职称时，由于课时不够而不具备参与评职称的资格，不得不放弃职称评定。少数高校辅导员虽然利用休息时间，刻苦努力学习，终于满足了教学科研方面的条件，获得了相应的教师职称，但是当他准备参与上级行政职务竞聘时，却被告知因为其只具有同级别的教师职称，不具备相应的行政职级，不能参与岗位竞聘。这些都导致了高校辅导员晋升通道不畅通，影响了高校辅导员的职业认同。因此，各高校在进行辅导员职业发展顶层设计时，应同时制定必要的配套保障措施，进一步增强高校辅导员的职业身份认同。

高校辅导员队伍的建设与发展需要高校强有力的制度保障，公正的制度保障是高校辅导员形成良好职业认同的基础，只有让高校辅导员切身地感受到高校给予的公正待遇与良好的人文关怀，才会产生积极的职业认同感。高校要严格制定高校辅导员职业准入制度、完善高校辅导员职业培训机制、完善高校辅导员的激励机制以及给予高校辅导员工作支持，为高校辅导员形成良好的职业认同扫清制度上的障碍。

（二）加强培训培养

1. 统一岗前培训

各高校每年新进的辅导员必须参加省一级的岗前培训，培训合格，取得相应的资格证书，才能从事高校辅导员工作。具有思想政治教育学科硕士和博士学位点的部属高校可采取灵活的方式对新进辅导员进行培训，如上交培训计划和培训方案，经省级教育主管部门同意后，安排优质教学力量在校内自行培训。新进辅导员经培训合格后，方能上岗。

2. 注重巩固性培训

巩固性培训是确保高校辅导员工作质量达到一定标准要求的基础性培训，其目的是进一步培养高校辅导员的政治素质和业务能力。由于高校辅导员的工作面广、事情杂、强度高、压力大，他们平时没有很多的时间和精力加强学习。因此，高校辅导员的日常性培训要注重巩固效果。每个高校辅导员每隔1～2年必须参加一次省级以上的集中培训。这类培训要帮助高校辅导员进一步提升开展思想政治教育的能力，帮助高校辅导员掌握开展主题教育、进行个别谈心、策划党团活动等思想政治教育的基本方法和手段，以适应工作的需要，达到应有的效果。

3. 加强提高性培训

提高性培训是进一步增强高校辅导员的理想信念、提升育人能力、加强个人作风修养、深化职业价值追求的高级培训。省级教育主管部门要创造条件，制定符合高校辅导员成长规律和发展需求的高水平培训内容，规定各高校辅导员每隔2～3年要参加省一级的提高性（骨干）培训，加强思想政治理论教育、提升专业素养、培养职业能力，使高校辅导员队伍整体素质获得明显提高，专业能力不断加强，逐步形成职业化、专业化的高校辅导员队伍，努力培养和造就一批具有一定影响力的思想政治教育专家。还可以通过挂职锻炼、社会实践、国内外交流等多种形式，不断拓宽他们的理论视野，提高业务水平，使高校辅导员能够实现职业价值，进一步增强其职业认同。

（三）完善准入与晋升制度

1. 严格建立职业准入制度

首先，坚持德才兼备的选人、用人原则，建立严格且规范的职业准入制度。要将"政治强、业务精、纪律严、作风正"作为选聘高校辅导员的首要准则，看其是否拥护党的领导，是否具有正确的政治立场与观念，能否坚决执行党的教育方针与政策，同时遵照2014年教育部颁布的《高等学校辅导员职业能力标准（暂行）》对高校辅导员职业能力的基本要求，在公开招聘时，考察应聘者对于高校辅导员职业的理解，以及对高校辅导员工作的看法与认识。

其次，在应聘流程上，体现出公平、公正与公开的原则。从最初的信息发布到最后的政审公示均接受舆论的监督，确保优秀的人才进入高校辅导员队伍当中。

最后，高校在招聘高校辅导员时，应该坚持从优秀的毕业生中选拔优秀的人才来从事高校辅导员职业，提高高校辅导员队伍的纯洁性与先进性。

2. 完善晋升制度

对高校辅导员进行职后的培训培养要与其职业发展进行密切结合。在高校辅导员明确自己的职业发展的同时，引导其规划自己的职业晋升渠道。高校要完善晋升制度，确保高校辅导员晋升过程通畅。

（四）明确岗位职责

明确岗位职责是做好工作的基本前提。各高校可依据高校辅导员职业能力标准的要求，结合自身实际，对高校辅导员的岗位职责进行一定的明确和划分。以高校辅导员的工作内容为标准，可将高校辅导员的岗位职责划分为教学职责、科研职责和服务职责。

1. 高校辅导员的教学职责

高校辅导员应具备教师的基本职能，承担一定的教学任务。因高校辅导员的大部分时间都花在对学生的教育、管理、服务上，所以高校辅导员的教学工作量不宜过多，原则上每周2学时即可，最多不得超过4学时。他们所承担的课程可以是思想政治理论课、大学生就业指导或相关专业课，也可以是党课、团课、形势政策教育和新生入学教育等大学生思想政治教育活动课程。确立高校辅导员的教学职责，一是为了满足高校辅导员的教师情结，为其具备教师的资格提供必要的平台；二是为了进一步提高高校辅导员的思想政治教育水平，通过上课的形式，鼓励高校辅导员去学习、思考、查阅资料，掌握必备的教育手段和方法，从而进一步提高大学生思想政治教育的质量。

2. 高校辅导员的科研职责

高校辅导员的工作成绩、水平要想有所提高，就必须将工作的经验上升为理论，并进行一定的科学研究。因此，高校辅导员要承担一定的与大学生教育管理服务相关的科研任务，围绕实际工作中的难点、重点开展应用研究，以期解决实际问题、提高工作水平。对于不同职称、不同级别的高校辅导员，进行科学研究的方向和标准也应不一样。具有高级职称的高校辅导员，应围绕高校辅导员的顶层设计、职业发展、考核指标、激励措施等方面，从宏观的层面、队伍发展的角度去思考研究高校辅导员工作的相关问题；具有中级职称的高校辅导员，应主要围绕某一项具体的工作，如党建、团建、就业、创业等方面，从微观的层面去思考如何干好工作、做出成绩；具有初级职称的高校辅导员没有具体的科研任务，可参与有高级或中级职称的高校辅导员的相关研究，积累相关的科研经验，培养科学研究的思维，为以后独立从事科学研究做准备。

3. 高校辅导员的服务职责

目前，高校辅导员的工作职能已由以前的教育管理转变为教育服务。这主要体现在为学生的学习、工作和生活进行服务。概括地讲，高校辅导员要做好本职工作，应按照三个标准做好相关的教育服务，即"守住安全稳定的底线、把住思想引领的航线、抓好学风建设的主线"。守住安全稳定的底线，就是要求高校辅导员在平时的工作中关注重点群体，学会掌握处理危机的方式和方法，确保学生安全稳定的底线，将安全隐患消除在萌芽状态。把住思想引领的航线，就是要求高校辅导员在平时对学生进行的思想教育中，传授正确的思想政治教育内容，及时开展相关的思想政治教育活动，把住思想引领的航线不偏移。抓好学风建设的主线，就是要求高校辅导员在平时的日常工作中，激发学生内在动力，加强学业管理，完善约束考评机制，营造良好的学习氛围，为学生的成长、成才保驾护航。

（五）提升个体维度

1. 树立正确的职业认知

高校辅导员的职业认同程度不仅影响其工作效率，还影响其工作的满意度。建立以认同为基础的职业认知，可以促进高校辅导员形成积极的职业情感并且形成积极的职业认同。

高校辅导员要对辅导员职业有一定的心理预期与工作准备，在工作中要适应高校辅导员职业内容的宽泛性与承受高校辅导员职业带来的压力。目前，高校辅导员职业压力大，学生事务性工作繁杂，要求高校辅导员辩证地看待这些现状。首先，这些事务性的工作大多都与学生的生活和学习息息相关，作为学生事务的管理者，为学生的生活与学习提供服务是高校辅导员的职责所在，高校辅导员应该坦然接受并且积极主动地帮助学生。其次，这些学生事务性工作也具有一定的积极意义，与学生的交往和开展学生工作可以增强高校辅导员的交往、沟通、协作与组织管理能力。在处理学生事务性工作时，高校辅导员应该进行科学的规划与安排。

高校辅导员在工作中应该调整好心态，主动接纳工作的不完美与缓解工作压力，在进行自我内心调整的同时提升自身的工作能力，并且采用积极的工作态度与生活态度正视工作中的压力，将每一次遭遇的挫折转化为自身成长的养分。

2. 培养良好的职业情感

要想对工作中消极的职业情感进行消除，需要高校辅导员对消极情感的来源进行剖析并改变自身不合理的认识，进而克服与消除消极情感。当高校辅导员出现消极的情感时，可以通过注意力转移法将关注的重点转移到自己感兴趣的事务当中，也可以用适当宣泄法，通过适当的宣泄将消极的情绪表达出来以纠正不健康的心理情感。

高校辅导员原生性职业情感指高校辅导员基于自身对辅导员职业的兴趣而产生的一种天然的、自发的职业情感。虽然原生性的职业情感对辅导员工作具有一定的推进作用，但是单纯依靠兴趣与热爱很难克服现实存在的困难，只有充分了解辅导员工作的职责与了解学生工作的重要性，将原生性的职业情感内化与深化为积极的、稳定的职业情感，才能真正促进高校辅导员的职业认同。在日常的工作与生活中，高校辅导员应该将积极的情感与体验内化于心，外化于行，以良好的心态、稳定的情绪与坚强的意志力努力实现客体职业与主体生命的完美结合。

3. 培养坚定的职业意志

首先，培养工作的自觉性与主动性。具有一定工作自觉性与主动性的高校辅导员能够独立地做出自己的判断，不随波逐流，人云亦云，并且能很好地支配自身的行为。当前，高校辅导员的工作内容主要以大学生思想政治教育为主，在新时代背景下，高校辅导员应该积极主动地学习思想政治教育新的观点与知识，努力提高自身的思想政治文化素质与理论水平。

其次，培养工作与生活的坚韧性。在日常工作中遇到困难与挫折是常有的事，要想做好一件事需要有一定的决心与毅力。

最后，培养工作的自制性，学会控制自身的情绪与行为。通常情况下，拥有较强自制力的高校辅导员在工作上会表现出工作效率高与做事果断的特征，提高工作的自制性需要高校辅导员端正动机与提高自我的认知水平，在日常工作与生活中克服自身的弱点，增强自身的职业意志。

4.培养匹配的职业能力

个人能力与个人发展是交互作用的，具备基本的职业能力是高校辅导员形成积极的职业认同的重要保障。当前，部分高校辅导员存在知识不足、成就感低与职业认可度不高等问题，导致这些问题产生的原因之一是高校辅导员尚未形成与新形势下思想政治教育相匹配的职业能力。

在日常的工作中，高校辅导员应该加强自我学习，注重提升自身的职业素养，注重发挥道德模范的示范引领作用，注重与学生交流的方式与方法。学生管理工作多有经验与规律可遵循，高校辅导员要学会统筹安排、系统归纳与科学规划好学生常规性的工作以确保学生思想政治教育工作的有序开展。

具备一定的专业基础与职业能力是高校辅导员开展学生指导工作的前提，是顺利开展思想政治教育工作的基本保障。从高校辅导员职业能力标准来看，高校辅导员的日常管理工作共涉及思想政治教育、党建和班级建设等九个方面的内容，工作繁重，头绪多。面对这些繁重的工作内容，高校辅导员要积极主动地学习相关知识，善于协调与整合自身的能力，充分调动与运用各种资源以更好地做好学生工作。

第三节　高校辅导员核心职业能力的培养

一、高校辅导员核心职业能力的内涵

本书遵循"职业能力—高校辅导员职业能力—高校辅导员核心职业能力"的逻辑思路来界定高校辅导员核心职业能力的内涵，并将其置于高校辅导员职业能力体系中进行把握。弄清高校辅导员职业能力体系，为高校辅导员核心职业能力内涵的界定确立坐标定位，是界定高校辅导员核心职业能力内涵的关键。明确高校辅导员职业能力体系，又以明确职业能力和高校辅导员职业能力为前提。因此，在掌握高校辅导员职业能力体系之前，我们需要先了解职业能力和高校辅导员职业能力。

（一）职业能力的含义与构成

当前学者对职业能力的表述不完全一致，但人们对职业能力的理解在以下几个方面已达成一致。一是职业能力是针对特定的职业而言的，是从业者为履行某

个职业任务必须具备的能力。二是为完成某个职业任务而需具备多项职业能力。在这些职业能力中，根据所承担的职业任务的不同，可以将职业能力分为不同的类别，这些不同类别的职业能力各自有着相应的重要程度。三是职业能力是发展变化的。随着从业者知识经验的增长，其职业能力水平会得到提高，并随着职业需求的变化而调整其职业能力。

关于职业能力的构成，1998年，我国劳动和社会保障部在"国家技能振兴战略"研究课题中将职业能力划分为职业特定能力、行业通用能力和核心职业能力三个层次，是我国后续进行职业能力分析的基本构架。

（二）高校辅导员职业能力的含义及体系

高校辅导员核心职业能力是相对于高校辅导员非核心职业能力而言的。理解高校辅导员核心职业能力，要将之置于高校辅导员职业能力体系之中，方能更准确地予以把握。在建构高校辅导员职业能力体系之前，我们首先要弄清高校辅导员职业能力的概念。

高校辅导员职业能力是职业能力概念的推演。作为职业能力的一种特殊形式，高校辅导员职业能力在一般意义上具有职业能力的特点，同时它又体现出履行高校辅导员职业使命的特殊要求。很多研究者对高校辅导员职业能力概念进行了探讨，虽然对其内涵表述各异，但在实质上并无较大差别。

完成高校辅导员职业使命的诸多职业能力构成了高校辅导员职业能力体系。探究高校辅导员职业能力体系，不仅能让我们明确高校辅导员职业能力的具体构成内容，还能清晰反映出各项职业能力之间的关系，有助于我们更准确地把握高校辅导员核心职业能力。纵观现有的高校辅导员职业能力，受国家职业能力划分标准影响，研究者大多将高校辅导员职业能力划分为行业通用能力、岗位特定能力和职业核心能力三大组成部分，且都比较推崇将核心职业能力置于高校辅导员职业能力洋葱结构模型的最里层。研究者对高校辅导员核心职业能力持不同的理解，有两种比较典型的观点。一种观点认为，处于高校辅导员职业能力洋葱结构模型最里层的核心职业能力是通用性很强的职业能力；另一种观点认为，处于高校辅导员职业能力洋葱结构模型最里层的核心职业能力是高校辅导员专属的思想政治教育能力。为此，我们有必要进行进一步的分析，重构高校辅导员职业能力结构模型。重构高校辅导员职业能力结构模型至少需要解决三个问题，即如何建构高校辅导员职业能力体系，高校辅导员职业能力体系由哪些职业能力构成，其各项职业能力之间的关系如何。换言之，就是建构高校辅导职业能力体系的前提条件、高校辅导员职业能力体系的内容和高校辅导员职业能力体系的结构。

其一，建构高校辅导员职业能力体系的前提条件分析。建构高校辅导员职业能力体系需要一些前提条件。首先要明确高校辅导员的职业任务。高校辅导员的职业任务主要包括帮助学生树立正确的世界观、人生观和价值观；帮助学生养成良好的道德品质；了解和掌握高校学生思想执政状况，维护好校园安全和稳定；落实好资助经济困难的学生的有关工作；积极开展就业指导和服务工作；开展形式多样的教育活动等。为了完成职业任务，高校辅导员除了具备基本的通用职业能力外，还应当具备专业职业能力。高校辅导员在众多的职业任务工作中，应当抓住关键的高校辅导员职业任务，把握住高校辅导员职业任务中的核心内容，相应地就应当具备高校辅导员核心职业能力。另外，高校辅导员专业化队伍建设目标要求高校辅导员除了全面负责学生的日常思想政治教育外，还需具备专项发展职业能力。综上所述，高校辅导员专业职业能力包含了核心职业能力和专项发展职业能力两部分。建构高校辅导员职业能力体系，要从通用职业能力和专业职业能力两方面进行。

其二，高校辅导员职业能力体系的内容。通过上文分析已得知，高校辅导员职业能力体系由通用职业能力和专业职业能力构成，其中专业职业能力又包括专项发展职业能力和核心职业能力。通用职业能力是高校辅导员其他职业能力得以施展的前提和基础。通用职业能力包括组织管理能力、协调能力、表达能力、创新能力、调查研究能力等。专项发展职业能力是高校辅导员完成某一专项工作所需要具备的职业能力，属于专业职业能力，它主要包括学业指导能力、职业规划与就业指导能力、心理健康咨询教育能力、危机事件应对能力等。高校辅导员核心职业能力也属于专业职业能力，是高校辅导员专业职业能力中的核心和关键部分，是衡量高校辅导员个体和群体的职业能力高低、职业水平的关键指标，是鉴别高校辅导员专业化水平的重要标尺，是高校辅导员职业能力的本质体现。总而言之，高校辅导员职业能力体系是由通用职业能力、专项发展职业能力和核心职业能力三大部分构成的。

其三，高校辅导员职业能力体系的结构。组成高校辅导员职业能力的通用职业能力、专项发展职业能力和核心职业能力，各自的职业任务是不相同的。通用职业能力是完成高校辅导员职业任务所需的最基本的职业能力，也是完成其他职业任务需要具备的职业能力，它是高校辅导员职业能力的基础，并渗透于专项发展职业能力和高校辅导员核心职业能力之中。专项发展职业能力和核心职业能力虽同为专业职业能力，但各自承担着不同的高校辅导员职业任务。专项发展职业能力是高校辅导员为了完成某一具体的高校辅导员专项工作而应具备的职业能力。高校辅导员的职业专项发展目标不同，需要培养的专项职业能力就不同。高校辅导员核心职业能力是高校辅导员完成职业任务中的关键任务所要具备的职业能力，它在高校辅导员职业能力体系中处于关键地位、核心位置。这两种职业能力发挥的作用也各不相同，高校辅导员核心职业能力是统领，高校辅导员核心职业任务的完成情况直接影响着辅导员专项职业任务的完成，高校辅导员核心职业能力优先于专项发展职业能力，是专项发展职业能力的统帅，专项发展职业能力为辅导员核心职业能力提供有力支持。综上所述，现有的高校辅导员职业能力洋葱结构模型有待改进和优化，应该改为立体的高校辅导员职业能力柱状体结构，如图5-3-1所示。在立体的高校辅导员职业能力柱状体结构中，各项职业能力各自承担着不同的职业任务，各司其职，各尽其能。通用职业能力是高校辅导员职业能力柱状体的底座，起着奠基作用。核心职业能力是高校辅导员职业能力柱状体结构的轴心，是带动整个高校辅导员工作运转的职业能力，发挥着关键作用，推动着整个高校辅导员职业能力体系的建设。专项发展职业能力处于核心职业能力结构的外围。这些职业能力彼此之间相互联系、相互影响、相互作用，共同支撑起整座高校辅导员职业能力"大厦"。通用职业能力支撑着核心职业能力和专项发展职业能力，核心职业能力升华通用职业能力并带动专项发展职业能力，专项发展职业能力丰富、拓展核心职业能力和通用职业能力，三者共同构成高校辅导员职业能力体系。

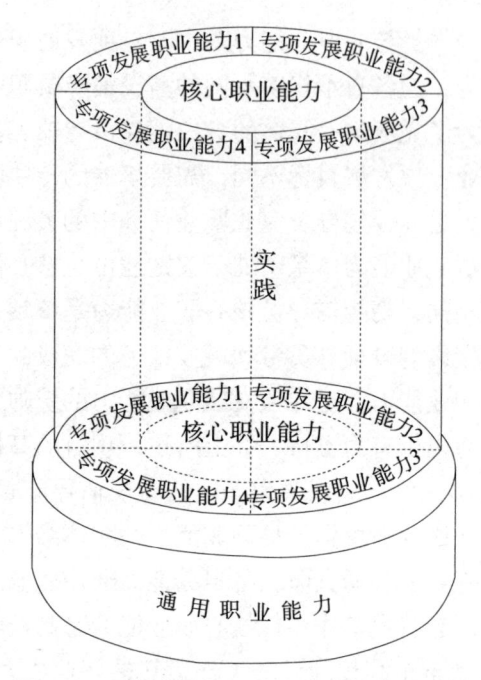

图 5-3-1　高校辅导员职业能力柱状体结构

二、高校辅导员核心职业能力要素

（一）政治信念与政治引导能力要素

1. 政治信念

高校辅导员的政治信念是高校辅导员核心职业能力的核心要素，是统领高校辅导员职业能力发展的灵魂。高校辅导员的工作性质、工作职责、工作使命决定了高校辅导员必须具备坚定的政治信念、政治立场。在现阶段，高校辅导员的政治立场和政治信念表现在深入学习领会习近平新时代中国特色社会主义思想，坚决维护习近平总书记在党中央的核心地位，坚决维护党中央权威和集中统一领导；坚定理想信念，树立"四个意识"，坚定"四个自信"，提高政治站位，牢记使命和政治担当，把"四个意识"融入血液、注入灵魂，在思想上形成高度自觉；用马克思主义及马克思主义中国化理论，尤其是习近平新时代中国特色社会主义思想统帅育人工作；在其位、谋其职、用其心、尽其责，把培养社会主义事业建设者和可靠接班人的使命时时放在心上。

2. 政治引导能力

政治引导能力，是指高校辅导员履行引导学生站稳政治立场的职责、任务所必备的能力。

政治引导能力在高校辅导员核心职业能力中居于主导地位，这是由思想政治工作的政治导向功能和高校辅导员的职业特征所决定的。高校辅导员对学生的政治引导是高校辅导员工作的首要任务。因此，政治引导能力是高校辅导员核心职业能力的关键组成部分。政治引导能力包括政治鉴别能力和政治把控能力。

（1）政治鉴别能力

政治鉴别能力又分为明辨是非能力和政治判断能力。

明辨是非能力是指高校辅导员坚守政治立场、守住正确政治方向所要具备的政治能力。复杂的意识形态环境要求高校辅导员必须具备明辨是非能力。当前，我国已形成了以社会主义核心价值观为主导的社会主义意识形态，但西方多元的思想冲击着社会主义主流意识形态。一些错误思想混杂其中，往往以貌似科学的理论迷惑学生，以虚假利益欺骗学生，给学生的人生发展和健康成长造成了极大阻碍。如果高校辅导员不具备明辨是非能力，就会丧失政治敏锐性，看不透隐藏在这些糖衣炮弹背后的错误价值取向，有可能会迷失方向，无法正确引导学生。因此，面对错综复杂的国际形势和复杂的意识形态环境，高校辅导员必须具备明辨是非能力。

高校辅导员具备明辨是非能力，要以正确理解"是非"为前提，对"是非"的理解首先要保证基本的政治立场不动摇，同时又要与时俱进地、发展地看问题。然后结合新时代特点与时俱进地理解"是非"。高校辅导员要正确理解"是非"，培养明辨是非能力。

政治判断能力，是指高校辅导员对各类影响或可能影响学生政治安全的相关信息做出分析判断所必备的政治能力。高校辅导员的政治判断能力，就是要求高校辅导员要利用马克思主义这个武器去辨别、去剖析真假问题，并对影响学生政治安全或者可能影响学生政治安全的复杂情形做出客观的判断。既不能看不见、看不懂、看不透涉及政治安全稳定的大事，也不能把一些常态性问题无限夸大。高校辅导员的政治判断能力又包含如下三方面的能力。

一是对影响学生安全稳定相关信息的捕捉获取能力。高校辅导员要能及时掌握学生的各种动态，建立多渠道、多方位、多层级的信息网，使信息能及时通达。高校辅导员对学生思想动态的关注不仅要常态化，还要结合一些重要的时间节点及时进行关注，才能及时发现深藏于学生中的不稳定因素。

二是对影响学生安全稳定相关信息的分析能力。具备这一能力，高校辅导员就能从众多信息中排除虚假信息或者干扰信息，找出有价值的信息，准确鉴别信息所透露的实质内容，进而抓住事态本质，为制定后续处理方案提供可靠依据。

三是对影响学生安全稳定相关信息的预见能力。政治判断能力除了能捕获信息和分析信息外，更重要的是有防患于未然的信息预见能力。高校辅导员的预见能力，即高校辅导员能通过对学生言行的观察，从一些蛛丝马迹中发现潜藏的问题和矛盾，将涉及政治安全的问题消灭在萌芽之中。

（2）政治把控能力

政治把控能力，是指高校辅导员掌控各类影响或可能影响学生政治安全的相关信息的政治能力。高校的安全和稳定是建设和谐社会的重要组成部分，也是学生健康成长的环境保障。应对校园危机事件是高校辅导员的重要职责之一，如何对危机事件进行分类、分级并做出预判，如何对危机事件做出初步处理，如何稳定工作局面，都对高校辅导员的政治把控能力提出了高要求。高校辅导员具备政治把控能力，在涉及学生政治安全相关事件中就能掌控事态发展的局面，发挥主心骨作用。政治把控能力包含舆论引导能力和政治洞察能力。

①舆论引导能力。舆论引导能力，是指高校辅导员进行舆论宣传、舆论导向和舆论指引所必备的能力。高校辅导员的舆论引导能力是政治引导能力的重要组成部分。对舆论的引导，大至国家，小至一个组织和团体，都事关安全与稳定。对舆论的引导包括对舆论进行宣传、导向和指引。一直以来，对舆论的引导工作是党和国家的重点工作，目前积累了丰富的舆论引导经验。高校辅导员所做的舆论引导，主要是针对学生群体的舆论引导。

②政治洞察能力。政治洞察能力，是指高校辅导员敏锐洞悉各类影响或可能影响学生政治安全的相关信息所具备的能力。高校辅导员要有敏锐的政治洞察能力，首先要善于观察问题。高校辅导员要时刻保持清醒的头脑，时刻站在党和国家的立场，以及高校思想政治工作的角度看待和分析问题。其次要善于抓住关键问题。存在于学生群体中的问题很多，有些是事关学生成长成才的大问题，有些是具体的、实际的小问题；有些是复杂的问题，有些是简单的问题。高校辅导员在把控学生思想动态时，要善于抓关键问题，抓大问题，抓本质问题。

综上所述，高校辅导员的政治引导能力是高校辅导员核心职业能力的关键组成部分，是培养学生政治素养所必须具备的职业能力。高校辅导员的政治引导能力有三方面的总体要求。一是必须以马克思主义理论为武装。唯有真懂、真信马克思主义，才可能真用马克思主义对学生进行政治引导。为此，高校辅导员必须加强理论学习。当前,掌握马克思主义的核心任务就是学懂、弄通习近平新时代中国特色社会主义思想。二是必须加强实践锻炼。实践才能出真知。高校辅导员必须真真正正深入学生的思想、学生的生活,去了解学生的成长诉求,去掌握学生真实的思想动态,不断总结和反思其各种工作实践,在实践中不断进行磨炼,方能提升政治引导能力。三是必须增强网络思想政治教育本领。利用网络进行政治引导,具备网络舆论引导能力,筑牢对学生进行政治引导的无形之网。总之,政治引导能力是高校辅导员培养社会主义事业建设者和接班人、培养担当民族复兴大任的时代新人的必然要求和能力保证,是在高校辅导员核心职业能力中位居主导地位的职业能力。

(二) 思想情感能力要素

1. 思想引领能力

思想引领能力,是指高校辅导员履行用科学理论教育学生的育人职责所必备的能力,是高校辅导员核心职业能力的又一关键组成部分。践行立德树人这一根本任务,对学生的思想进行引领是高校辅导员工作的中心任务。高校辅导员要具备思想引领能力,对学生进行唯物主义世界观、方法论的教育,用马克思列宁主义、毛泽东思想和中国特色社会主义理论体系武装他们的头脑,帮助他们正确认识人类社会发展的客观规律,进而形成正确的世界观、人生观和价值观。

2. 情感能力

情感能力,是指高校辅导员具备丰富的高级情感并能掌控自身情感的能力。高校辅导员的情感能力包含两层含义。一层含义是指向高校辅导员的情感本身,是本体层面的情感能力。高校辅导员应当具备丰富的高级情感。一方面,高校辅导员应当是情感丰富之人,而不应是一名情感匮乏、冷冰冰的高校辅导员;另一方面,高校辅导员应当具有高级情感,而不是低层次的、庸俗的情感。另一层含义是指向高校辅导员对情感的掌控能力。高校辅导员对自身情感有认知能力,具体包括识别、体验、调控和表达自己情感的能力。高校辅导员的情感能力是本体层面和掌控情感两方面的结合,缺少任何一部分,都构不成完整意义上的情感能力。

第一,高校辅导员要具备丰富的高级情感。思想政治教育不是冷酷无情的说教,而是充满丰富情感的教育。思想政治教育不仅要诉之以理、以理服人,更要以情感人、以情化人。在一定程度上,"通情"是"达理"的前提。情感是教育感化的内在条件。高校辅导员只有拥有丰富的情感,才能激发学生的感情体验。

高校辅导员与学生只有在情感的交流、交融中，才能擦出思想的火花，达到宣传、教育的良好效果。高校辅导员不仅要拥有丰富的情感，还必须拥有丰富的高级情感。高校辅导员要具备教育感化能力，以拥有道德感、美感等高级情感为前提和基础，坚定对马克思主义的信仰，坚定社会主义和共产主义信念，高度认可高校辅导员的职业社会价值，具备培养社会主义事业建设者和接班人的责任感与使命感。高校辅导员只有拥有丰富的高级情感，具备情感能力，在开展思想政治教育时，才能感动、感化学生，实现对学生的教育感化。

第二，识别情感的能力。识别情感，是对自身情感客观、真实的认识，比如认识到自身情感是稳定的还是易变的，是细腻的还是粗犷的，能进行合理的评价。情感识别往往借助于人脸表情、说话的语调语速、习惯性对事、对物、对人的评价等。高校辅导员能识别自己的情感体现在两个方面。一是能够审视自身所具备的高级情感是否符合教育感化能力的要求；二是能够审视自身所具备的符合教育感化能力要求的高级情感是否丰富。如若高校辅导员能自觉识别、审视自身所具备的马克思主义信仰、深沉的爱国主义情怀、强烈的育人责任感等，则为后续体验情感、调控情感和表达情感做好了铺垫。识别情感的能力是高校辅导员情感能力的重要组成部分。识别情感，是培养高校辅导员的情感能力必不可少的环节。

第三，体验情感的能力。所谓体验情感，就是高校辅导员真切地直面自己的情感，并触摸它、感知它、享受它的行为过程。情感体验丰富才拥有丰富的情感。高校辅导员在学习本职业的专业理论知识时结合身边的事例和自身工作环境，既可以有意识地激发自身对高校辅导员职业情感的共鸣，还可以有意识地知晓自己已具备与高校辅导员职业要求相关的高级情感，并检视这些高级情感是否需要改进。高校辅导员也可以在工作实践中深刻体验自己的情感，这将有助于深化对自身工作实践的反思。有的高校辅导员之所以总是简单重复着以往的工作，很大程度上就在于他们只是在重复工作行为，而没有体验、反思工作实践，也就无从改变和改善自身对高校辅导员工作的情感体验。只有提升高校辅导员体验情感的能力，形成对本职业的积极情感体验，进而产生对高校辅导员职业的深刻理解和深厚情怀，才能增强情感能力和教育感化能力。

第四，调控情感的能力。高校辅导员要想最大限度实现对学生的思想政治教育引导，就需要不断地调控自身的情感。高校辅导员调控情感的能力，主要表现在不断调整对自身职业情感的认识和评价，使之更加客观、理性、深刻。一个善于调控职业情感的高校辅导员，更容易不断满足职业情感要求，更能对学生进行思想政治教育感化。

第五，表达情感的能力。在现实中，高校辅导员往往存在情感表达不佳的情况。表现之一，有的高校辅导员出现随意表达情感的现象，在工作中所表达的情感的强弱程度、表达情感的方式不符合高校辅导员的职业要求。表现之二，高校辅导员情感表达内容有残缺。有的高校辅导员只关注正向的、积极的职业情感表达，而有意回避负面的、消极的职业情感。表现之三，注重个人情感表达而忽视传递育人观念本身蕴含的情感。高校辅导员要恰当的表达职业情感，使之成为一种有意识、有目的的自觉行为。

（三）道德与心理要素

1 优秀的道德素质

高校辅导员要培养学生优良品格，塑造学生的灵魂。这是由高校辅导员的教育性特点决定的。高校辅导员不仅要向学生传授思想政治教育的有关知识，还要向学生传授做人的道理。这就要求高校辅导员要具备良好的思想道德风范。高校辅导员个人的思想道德风范对学生有重要影响，高校辅导员个人良好的思想道德风范能够成为学生学习的榜样，潜移默化地影响学生的学习和发展，能够提高高校辅导员在学生中的影响力和公信力，更易于展开学生工作，提高学生工作的质量和效率。

高校辅导员良好的个人思想道德风范主要包括以下两点。

（1）个人品德

高校辅导员良好的个人品德是指品德高尚，平等对待学生，为人真实诚恳，对自己有严格的要求。

（2）职业道德

高校辅导员的职业道德有三层内涵。第一层内涵是高校辅导员要有崇高的职业信念，有责任感。在工作中，要保持积极向上的心态，及时了解学生的学习情况。第二层内涵是高校辅导员要有高尚的职业道德品质和精神品质。这些品质能够提升高校辅导员的感召力，无形中影响学生的学习和未来的发展。第三层内涵是高校辅导员要有创新意识。高校辅导员要遵循因材施教的理念对学生进行教育。同时，要大胆创新，改革教学模式和教学方法，更好地为学生服务。

2. 良好的心理素质

良好的心理素质能够帮助高校辅导员更好地完成学生工作。高校辅导员的工作十分繁杂，处理好这些工作要求高校辅导员要具备以下几项心理素质。

第一，高校辅导员要对学生工作充满热情，要有完成工作的耐心。

第二，辅导员要有平和的心态，面对突然出现的情况要不急不躁，面对工作上的误解要不愠不怒。学生不配合自己的工作时要平和处理，积极与学生沟通，不可粗暴对待。

第三，辅导员要富有爱心，要关心学生在思想或情感上的问题，引导学生走出困境。

第四，辅导员要有进取心和坚定的毅力，要能够应对工作中出现的问题和挑战。

（四）知识要素

中国高等教育改革的推进，新时代教育环境的变化，高校教育对象的发展需求，使得高校辅导员的工作任务越来越艰巨，对高校辅导员职业能力的要求也越来越高。高校辅导员的职业使命和时代需要，要求高校辅导员必须不断地学习，掌握丰富的知识和精湛的专业技能，真正成为培养德才兼备的高素质人才的专业人员。

高校学生思想活跃，有丰富的情感，学习能力强，有较强的自我意识。高校辅导员想要在这样的学生中建立影响力，首先要有敏捷的思维能力和多元的知识结构。

高校辅导员作为思想政治工作者，要不断深入学习马克思主义基本原理，不断丰富自身的理论知识储备。坚持用辩证唯物主义的观点看待问题，使用辩证唯物主义的方法解决问题，在实际工作中合理应用逻辑学和心理学的知识。

高校辅导员应注重学习科学文化知识，既要具备深厚的专业知识，又要广泛学习各个学科的知识。在掌握思想政治教育专业知识的同时，要扩大自己的知识面，完善自身的知识结构。

网络技术的发展为高校辅导员的工作带来了挑战。为应对新的科学技术带来的挑战，高校辅导员应积极学习新的科学技术，更新自身知识结构，使用现代化技术辅助教学。计算机网络技术和多媒体技术具有高效、便捷、直观性强的优点，能在很大程度上增强教学效果。在当今形势下，高校辅导员要积极学习现代化教学手段。

（五）技能要素

1. 沟通能力

沟通能力是指高校辅导员在开展思想政治教育过程中能与学生进行有效对话所必备的能力。高校辅导员教育感化学生的过程，就是高校辅导员与学生的心与心碰撞的过程，就是彼此之间进行思想交流的过程。因此，沟通能力成为高校辅导员完成职业使命，对学生进行教育感化必备的能力。复旦大学辅导员包涵老师采用撰写周记的形式，带领大一、大二年级学生记录新生活、展现新风采，引导大三年级学生思索责任、了解社会，为大四年级学生鼓劲、祝福、记录美丽心情和生活点滴，这是包涵老师与学生之间别具一格的沟通方式，也展现出包涵老师开展学生思想政治教育时极强的沟通能力。高校辅导员的沟通能力，至少包括倾听能力、表达能力和争辩能力。

第一，倾听能力是沟通能力的基础。沟通是双方话语的相互传递。如果高校辅导员剥夺或变相剥夺学生的发言权，不能实现双方信息的充分表达和传递，就不能形成有效沟通。高校辅导员只有乐于倾听、善于倾听学生的声音，才能真正了解学生的真实想法，才能知晓学生遇到的困惑和问题，才能激发学生的谈话欲望，使高校辅导员与学生之间的沟通有深度、有意义。高校辅导员要想与学生之间进行有效沟通，必须以认真倾听为前提。在倾听时，不仅要听当事学生之言，还要听非当事学生之辞；不仅要了解学生所描述的事实的表象，还要捕捉隐藏其中的实质意蕴。总之，高校辅导员要能准确、快速地抓住学生表达的核心内容和实质内容，为进行有效沟通、实施对学生的教育感化创设前提条件。

第二，表达能力是沟通能力的关键。进入了高校辅导员对学生进行有效表达的环节，沟通才步入实质阶段。高校辅导员的表达能力，是在其与学生的交流中能够清晰、简洁、准确地表述自己的思想和观点的能力。

第三，争辩能力是沟通能力的保障。高校辅导员与学生之间的沟通过程，是高校辅导员与学生建立共识、达成思想观念一致的过程。在沟通过程中，高校辅导员与学生处于平等地位，高校辅导员要尊重学生，时时处处以学生为本，始终肩负着教育引导学生的职责。辅导员与学生进行平等沟通，倾听学生的意见，尊重学生的想法，但绝不是辅导员对学生言听计从，绝不能出现学生引导辅导员的怪象。因此，高校辅导员与学生的有效沟通，还需要高校辅导员具备争辩能力。

2. 组织协调能力

一般情况下，高校辅导员要管理的学生多达上百人，要求高校辅导员要具有组织协调能力。

高校辅导员的组织协调能力包括班级结构设计、班级人员配备、指导班级实现学习目标。班级结构设计要以班级整体目标和班级的主要任务为基础。班级人员配备要能够促进班级目标的实现。班级学习计划包括班级学习活动的目的、时间、地点、人员安排和具体内容。班级学习计划对于班级和高校辅导员都十分重要，它能够帮助高校辅导员根据环境的变化为班级的发展制定对策。高校辅导员除需帮助学生制订学习计划外，还要制定相应的标准，用于监督计划的实施。

3. 语言表达能力

高校辅导员要具备良好的语言表达能力，在展开学生工作时要使用内容丰富、逻辑严谨、形象生动的语言。语言表达能力对于高校辅导员来说至关重要，高校辅导员要掌握一定的表达技巧，使自己的语言表达准确、严谨、生动。

高校辅导员要掌握交流沟通和论辩的技巧，能够准确完整地表达自己的观点，要善于做演讲和宣讲。此外，高校辅导员要能组织语言将自己的工作思路条理清晰地表达出来，以便向学校领导汇报工作。

高校学生来自不同的年龄段，有各自不同的经历，具有互不相同的性格和素质等。这就要求高校辅导员要在与不同的学生沟通时采取不同的语言表达技巧。对于勤奋好学的学生要使用委婉的、侧面提醒的方法，让他们能够及时发现自己在学习中存在的问题；对于平时不遵守学校的规章制度和课堂纪律的学生要使用严肃批评的方法，对其不良习惯给出严厉的警告；对于自尊心较强的学生要使用柔和委婉的语言向其讲授道理；对于性格活泼的学生要使用活泼生动的语言进行教育；对于学生干部要采取直接沟通的方式，直接指出学生工作中的问题；对于学习成绩处于班级中层的学生要使用激励性的语言鼓励他们努力学习；对于学习成绩不佳的学生要使用开导性的语言，劝其努力学习。

首先，高校辅导员的语言表达要满足学生爱的需要。高校辅导员要给学生提出正确的建议，要表达出对学生的关心和爱。高校辅导员如果不是发自内心的喜爱学生，那么他的语言表达将是苍白无力的。高校辅导员需要对学生进行严格管理，但要通过耐心的教诲实现对学生的严格管理。

其次，高校辅导员的语言表达要满足学生获得尊重的需要。高校学生有较强的独立意识和强烈的自尊心。针对这一特点，高校辅导员应在学生工作中使用恰当的语言激发学生的自尊心，使其发奋学习。

最后，高校辅导员可以使用幽默的语言向学生讲述道理，使学生更易接受。

4.服务学生的能力

高校辅导员既是教育者又是管理者，同时也是服务者，在全面推进素质教育的工作中具有重要作用。高校辅导员应具备服务学生的能力以扮演好服务者的角色。

现阶段高校毕业生面临很大的就业压力，毕业生急需就业指导和就业帮助。高校辅导员与学生的关系最为密切，在毕业生的就业指导工作中具有重要作用。高校辅导员应为毕业生提供必要的就业指导和就业服务，指导毕业生科学择业，减轻毕业生的焦虑。

5.自我控制和驾驭复杂局面的能力

高校辅导员要掌握一定的心理学知识和心理发展规律，并对自己的心理特征有一定的了解，以帮助自己形成对高校辅导员角色的具体认识。在工作过程中，高校辅导员要面对来自各个方面的、各种各样的问题，情绪难免出现波动。这时，高校辅导员就需要使用心理学知识调整心态，平稳情绪，以保证顺利完成工作。

随着现代社会的不断发展，社会中出现了很多不确定因素。为有效应对这些不确定因素，高校辅导员应在实践中不断锻炼自己，分析影响学生行为和思想的各种因素，以便在面对复杂问题时能够快速判断原因，及时找出应对策略。

三、高校辅导员的核心职业能力的特点

（一）专门性

专门性是高校辅导员核心职业能力最显著的特征。高校辅导员核心职业能力之所以具有专门性，是与高校辅导员承担的独特职业任务直接相关的。正如上文所述，高校辅导员核心职业能力是专业性的职业能力，不是人们通常理解的通用性职业能力。专业性是针对某一特定领域、范围、对象所特有的属性，高校辅导员核心职业能力是针对高校辅导员这一职业特定的职业范围、职业使命、职业任务的关键能力，因而它具有专门性的特征。

高校辅导员核心职业能力的专门性体现在高校辅导员职业使命的独特性上。从高校辅导员核心职业能力的内涵中我们可以看到，高校辅导员核心职业能力是针对其履行的高校辅导员的职业任务而具有的职业能力。这一内涵界定非常明确地限定了高校辅导员核心职业能力的履职范围。高校辅导员职业内容涉及思想理

论教育和价值引领、党团和班级建设、学风建设、学生日常事务管理、心理健康教育与咨询工作、网络思想政治教育、校园危机事件的应对、学生的职业规划与就业创业指导、理论和实践研究。这些都是高校辅导员要完成的独特使命。在高校辅导员职业角色上，高校辅导员不仅是大学生思想政治教育的骨干力量、大学生的人生导师，还是大学生学习、生活的管理者和服务者。高校辅导员的工作可谓是"上面千根线，下面一根针"，与学生相关的方方面面都在高校辅导员工作的职责范围内，是其要履行的独特使命。综上所述，头绪繁多，要履行的职业任务众多。高校辅导员核心职业能力具有专门性的特征。

高校辅导员核心职业能力的专门性，体现在与高校辅导员通用职业能力的差异上。高校辅导员通用职业能力与高校辅导员核心职业能力都是高校辅导员职业能力的组成部分。顾名思义，通用职业能力是多种职业都具备的一些能力。某种程度上说，它是某一特定职业能力的基础。而高校辅导员核心职业能力则不同，它是适用于高校辅导员职业的职业能力。只有具备高校辅导员核心职业能力的人才能担任高校辅导员。从高校辅导员核心职业能力与高校辅导员通用职业能力的比较上，可以显示出高校辅导员核心职业能力的专门性特征。

（二）统领性

统领性，是指高校辅导员核心职业能力对高校辅导员其他职业能力的统筹领导作用。高校辅导员核心职业能力具有指导性、领导性和决定性。高校辅导员核心职业能力之所以能成为核心，很重要的原因就在于该职业能力有统领性。在高校辅导员职业能力体系中，通用职业能力、专项发展职业能力和核心职业能力各自分工，所对应的职业任务各有侧重。它们之所以能形成一个整体，就在于高校辅导员核心职业能力有统领的作用。处于高校辅导员职业能力体系中的各部分职业能力不是各自为政去完成板块式、片段化的职业任务，而是在核心职业能力的统领下，分工协作，密切配合，共同完成职业使命。所以说，高校辅导员核心职业能力有统领性的特征。

高校辅导员核心职业能力的统领性，是由它所承担的关键职责任务所决定的。高校辅导员核心职业能力是完成高校辅导员职业使命中核心的、最重要的部分所要具备的职业能力。因此，高校辅导员核心职业能力所承担的职责任务就成为其他高校辅导员职业能力完成职责任务的风向标，其他职业能力所完成的职责任务是高校辅导员核心职业能力所完成的职责任务的补充。高校辅导员核心职业

第五章 高校辅导员

能力的统领性体现在两个方面。一是体现在它对其他高校辅导员职业能力的导向作用上，二是体现在它对其他高校辅导员职业能力的整体统筹作用上。

第一，高校辅导员核心职业能力对其他高校辅导员职业能力的导向作用，即它对其他高校辅导员职业能力完成职业使命的方向进行把握。高校辅导员核心职业能力对通用职业能力的导向作用显而易见，正是通过高校辅导员核心职业能力的引导，通用职业能力才能服务于高校辅导员职业使命。专项发展职业能力是高校辅导员对未来职业发展进行拓展和深化的职业能力。一定程度上，每项专项发展职业能力都可以单独使用。高校辅导员核心职业能力所具有的导向性，能够使各项专项发展职业能力在完成岗位职责的同时都一致服务于高校辅导员职业的关键职责任务。正是因为这一特点，我国高校辅导员制度才能一直保持它的独特性，而不是复制国外的学生事务工作者制度。高校辅导员核心职业能力的统领性，就如同高校辅导员职业能力体系的车头，带领着其他高校辅导员的职业能力一起完成高校辅导员的职业任务。

第二，高校辅导员核心职业能力对高校辅导员其他职业能力的整体统筹作用，即它对高校辅导员其他职业能力完成职业使命时的力量聚集的作用。高校辅导员核心职业能力对其他职业能力履行高校辅导员职业任务的方向进行掌控的过程，也是聚集这些职业能力的力量的过程。这里主要是指专项发展职业能力的力量聚集。高校辅导员核心职业能力本身并不能完成高校辅导员的全部职业任务，而是在它的统领作用下，发挥其他高校辅导员职业能力的协同优势，共同致力于完成高校辅导员的职业任务。如果没有高校辅导员核心职业能力的统筹作用，仅发挥各专项发展职业能力去完成高校辅导员的职业任务，难免会使我国的高校辅导员制度滑向国外的学生事务工作制度，偏离我国高校辅导员制度的初衷。正是基于高校辅导员核心职业能力的统领性，集合了其他高校辅导员职业能力，才坚守住了我国高校辅导员制度的独特性。

总之，高校辅导员核心职业能力的统领性，使其在职业能力体系中占据核心地位，发挥核心作用。一名高校辅导员如若具备核心职业能力而欠缺专项发展职业能力，他也可以胜任高校辅导员工作，对高校辅导员职业使命的践行不偏离方向。如若一名高校辅导员不具备核心职业能力，即使他具备了专项发展职业能力，也仅仅是把握住了高校辅导员职业使命的细枝末节，不能履行好高校辅导员职业的根本使命。高校辅导员核心职业能力就如同一位首领，领导着其他高校辅导员职业能力，指引着高校辅导员职业能力共同完成高校辅导员职业任务。

(三) 不可替代性

为了更好地了解高校辅导员核心职业能力的不可替代性特征，在此将高校辅导员核心职业能力与企业核心能力做一个对比。首先，企业核心能力的不可替代性与高校辅导员核心职业能力的不可替代性有着根本差别。企业核心能力在技术方面，是协调、整合多项技术和技能，生产出本企业独具特色的系列产品的能力；在组织层面，是企业对工程、营销、技术等环节进行整体协同，形成企业文化的能力。简言之，企业核心能力就是核心专长，集中体现于企业特有的产品、文化、价值观等，是相对于竞争对手而言所具有的独特能力。企业核心能力的形成是企业整合内部资源、知识、技能、文化等，并在实践中不断探索，不断进行有目的、有意识的叠加、整合、筛选、优化而形成的能力中的精品。企业核心能力一旦形成，该企业就有了独有的产品，就能在竞争中获得优势，且该核心能力很难被竞争对手复制或模仿，即使有朝一日被复制或模仿，也只是形似而非神似。可以看出，企业核心能力是被企业"生产"出来的，是企业为了获得社会竞争优势而形成的独创"产品"。所以说，企业核心能力具有不可替代性。高校辅导员核心职业能力却完全不同。高校辅导员核心职业能力是为了充分履行高校辅导员职业任务，是为了抓住辅导员职业任务的根本所具备的能力，是高校辅导员职业对其从业者的职业能力的内在要求。或者说，有了高校辅导员职业，就产生了高校辅导员核心职业能力的要求。高校辅导员核心职业能力是由高校辅导员职业任务直接决定的，不是创生出来的。因此，高校辅导员核心职业能力是不能用其他职业的核心能力来代替的，哪怕是与高校辅导员职业紧密相关的职业，其核心能力都不能取代高校辅导员核心职业能力。高校辅导员核心职业能力是高校辅导员职业所特有的职业能力，不可被替代。其次，企业核心能力与高校辅导员核心职业能力的不可替代性有着相似之处。企业核心能力所具有的不可替代性是相对于竞争对手而言所具有的独一无二的特性，高校辅导员核心职业能力的不可替代性也是相对于其他职业的核心职业能力而言的，二者都显示出自身核心能力与其他的核心能力的不同与不可替代性。总之，高校辅导员核心职业能力是高校辅导员职业任务所要求的职业能力，是与其他职业的核心能力不同的职业能力，它彰显出高校辅导员职业的独特性。

高校辅导员核心职业能力的重要性使其具有不可替代性。重要性是就高校辅导员核心职业能力与其他高校辅导员职业能力相比较而言的。在高校辅导员职业能力体系中，高校辅导员专业职业能力是高校辅导员职业在职业能力上区别于其他职业的体现。高校辅导员专业职业能力又包括高校辅导员核心职业能力和专项发展职业能力。这两项职业能力在履行高校辅导员职业使命中所发挥的作用不同，对凸显高校辅导员职业与其他职业间的区别的程度也有所差异。专项发展职业能力是高校辅导员结合自身职业生涯发展规划，有意识、有目的地拓展自己的职业能力，使其在工作的某一特殊领域有比较专业化的发展。如果某高校辅导员不具备专项发展职业能力，对其高校辅导员职业任务的落实会有一定影响，但不会影响到根本。而高校辅导员核心职业能力却是不可或缺的。如果高校辅导员不具备高校辅导员核心职业能力，就不具备从事高校辅导员工作的任职资格，就不能担负起高校辅导员的职责。高校辅导员核心职业能力是高校辅导员的必备条件，不能用专项发展职业能力代替高校辅导员核心职业能力。简言之，高校辅导员要履行高校辅导员职业使命，就必须具备高校辅导员核心职业能力。另外，高校辅导员核心职业能力也是高校辅导员职业区别于其他职业的重要标识，高校辅导员核心职业能力更能体现出高校辅导员职业的专业性特点。因为高校辅导员核心职业能力是完成关键的高校辅导员职责所必须具备的职业能力，它肩负着高校辅导员职业的核心使命，而专项发展职业能力完成的是高校辅导员职业使命中的某些具体事项。总之，高校辅导员核心职业能力既体现出高校辅导员职业的专业性，也标识了高校辅导员职业与其他职业的差别。相对于其他高校辅导员职业能力，尤其是相对于专项发展职业能力，高校辅导员核心职业能力的重要性，决定了它的不可替代性。

四、提升高校辅导员的核心职业能力的意义

（一）有利于提升高校辅导员自身能力

高校教育事业的发展，对高校教育人员的工作提出了新的要求，同时也使高校辅导员的职位竞争越来越激烈。在市场经济制度下，就业竞争的压力越来越大，对高校辅导员的能力和学历要求不断增加。这些因素在很大程度上增加了高校辅导员的工作压力，竞争也日益激烈。在这一背景下，高校辅导员只有通过提升自己的核心职业能力，才能缓解目前激烈的竞争压力。

提升高校辅导员核心职业能力有利于高校辅导员自身的发展。一是高校辅导员职业能力提升并不只会出现在某一阶段，而是会形成一种长效机制，对高校辅导员的整个职业生涯都会有显著的影响。二是高校辅导员综合素质的提高有利于增强高校辅导员对自身岗位的认可度。通过采取一系列有效的职业能力提升措施，能加强高校辅导员角色对培养大学生成长、成才和高校人才培养的重要性，从而将高校辅导员打造成一种具有较高社会价值的和不易被替代的职业，加深社会群体对此职业的了解和认可度，进而大大增强高校辅导员队伍的稳定性。

(二) 有助于践行高校辅导员职业使命

履行高校辅导员职业使命的过程，就是高校辅导员开展本职业工作，发挥教育、管理、服务、咨询等职能的过程。从宏观上来讲，就是高校辅导员按照"准备—实施—评估反馈"的过程开展高校辅导员的工作。从教育者与教育对象的角度来讲，就是高校辅导员施教、学生受教的过程。以上这两种过程为我们勾勒出了高校辅导员履行职业使命的简单过程。当然，履行高校辅导员职业使命不是直接将上级部门的要求转达给学生，不是将具体的任务分配给学生，不是把理想信念等直接讲述给学生，而是要通过高校辅导员的实际工作，实现对学生心灵的塑造，对他们形成正确的"三观"进行价值引导。这个过程，是高校辅导员与学生的双向互动过程，是二者的心与行融会交流的过程。为了分析的便利，文中暂且将高校辅导员与学生的双向互动过程简化为"高校辅导员的主观意识活动—高校辅导员的施教实践活动—学生的能动意识—学生的行为实践"的过程。实现高校辅导员职业使命的过程是非常复杂的过程，不仅各个要素会受到其他诸多因素的影响和干扰，实施过程的各个环节也会有很多不确定因素。这里只是为了分析的便利，而将之进行简化。此过程循环往复，高校辅导员的职业使命通过高校辅导员的日常工作得以转化为学生的思想信念、道德品质和行为习惯。

从上文的分析中可以看到，高校辅导员的主观意识活动是高校辅导员履行职业使命的前奏，它处于一种潜在状态。高校辅导员的职业使命开始履行，是在高校辅导员的施教实践活动阶段。在开展施教实践活动的过程中，高校辅导员将履行职业使命的主观想法转化为实践活动。高校辅导员开展施教实践活动，就是其职业能力的具体运用和展现过程。高校辅导员根据外在的教育要求，结合学生的实际情况，制定恰当的教育目标，有针对性地选取教育内容和教育方法，创设教育情境，这都是高校辅导员职业能力的体现。可以说，职业能力是职业使命得以履行的前提。其中，高校辅导员核心职业能力对其职业使命的履行起着关键作用。在现实中不难发现，一名讲课水平很高的教师不一定擅长教育、引导学生，一名很干练的管理者不一定能胜任辅导员工作。这是因为这些讲课水平很高的教师和干练的管理者不具备高校辅导员的核心职业能力。高校辅导员职业使命能否真正履行，关键在于高校辅导员是否具备核心职业能力。

（三）有助于高校辅导员队伍的建设

根据高校辅导员队伍建设和发展的现状，教育部提出了新时期培养高校辅导员的新目标，即培养他们成为辅导高校学生的组织者、实施者和指导者，这对高校辅导员核心职业能力培养提出了更高的要求。从整体情况来看，部分高校辅导员的职业能力仍然相对较差。一方面，部分高校辅导员工作比较繁忙，很难及时提升专业技能和丰富相关的专业知识和理论，不利于高校辅导员工作的顺利开展。另一方面，社会对高校辅导员职业能力培养的要求也在不断变化。

提升高校辅导员的核心职业能力，有助于提高高校辅导员队伍的专业化水平，促进高校辅导员队伍整体素质的提高。高校辅导员职业能力与高校辅导员专业化之间有着内在关联。要实现辅导员专业化，就要要求高校辅导员掌握高校辅导员工作的专业理论知识，并有高水平的职业技能以履行高校辅导员的岗位职责，这恰恰就是对高校辅导员需要具备核心职业能力的要求。反过来说，只有拥有核心职业能力，高校辅导员才能实现专业化发展，高校辅导员队伍的整体素质才能得到提高。

提升高校辅导员的核心职业能力，有利于推进高校辅导员专家化建设，进而促进高校辅导员队伍整体素质的提高。任何一个职业都有领军人物。领军人物是某职业高素质从业人员的典型代表，也是某职业从业人员学习、模仿的对象和标杆，能够带动全体从业人员素质的提高。高校辅导员核心职业能力提升的过程，就是高校辅导员积累专业理论知识，在实践活动中模仿、运用技能，经过实践反思，创造性地运用专业理论知识和技能，实现在工作中的专业自主，形成独具特色的教育引导风格的过程。从高校辅导员具备核心职业能力，到不断提升其核心职业能力，就是高校辅导员逐渐成长为专家型辅导员的过程。提升高校辅导员核心职业能力，有利于培养更多的专家型辅导员，在高校辅导员队伍中树立标杆，带领更多的高校辅导员积极投身到自身核心职业能力建设中，从整体上提高高校辅导员队伍的职业素质。

（四）有利于提高思想政治教育质量

大学生思想政治教育关乎祖国未来发展大计。大学生思想政治教育质量的高低，很大程度上影响着高校能否培养出全面发展的中国特色社会主义事业的建设者和接班人，能否培养出担当民族复兴大任的时代新人。因此，提高大学生思想政治教育质量具有重大意义。

高校辅导员在大学生日常思想政治教育活动中发挥主导作用以及推进大学生日常思想政治教育活动的有效开展，依赖于高校辅导员的核心职业能力。只有高校辅导员具备了从事大学生日常思想政治教育的核心职业能力，才能使高校辅导员潜在的政治素质、人格素质和理论素质转化成现实的思想政治教育实践行为，使思想政治教育实践活动得以有效开展，使思想政治教育质量得到提高。简而言之，高校辅导员具备核心职业能力，能有效地开展思想政治教育活动，实现思想政治教育质量的提高。如果不具备核心职业能力，就难以保证其思想政治教育的质量。所以说，高校辅导员核心职业能力是促进大学生日常思想政治教育质量提高的重要保障，是提高高校辅导员的工作效率的保障。

五、高校辅导员的核心职业能力的提升路径

（一）建立体系化制度

制度不仅为高校辅导员核心职业能力提升提供保障，还为其指明方向。体系化制度是推动高校辅导员核心职业能力提升建设的硬件条件，体系化制度是指那些有助于高校辅导员核心职业能力提升的系统化制度，其中包括高校辅导员选聘、考核、管理、晋升等制度。

体系化制度建设至少包括三方面，即为人们的某项活动制定一定的规则、原则，设定这些活动规则或原则的运作程序或制定操作方法，协调与之相关的多项制度的运行与实施。推动高校辅导员核心职业能力提升建设的体系化制度，包括完整的基本制度、可操作性制度和运行保障制度。

首先，要建立完整的基本制度。一方面，每一项基本制度的自身构成要完整，制度内部的各要素要相互制约、互为补充。另一方面，制度之间要相互联系，相互协调，相互支撑，不能自相矛盾、相互抵触。只有当这些基本制度成为一个有机统一的整体，才能建立体系化制度。要提升高校辅导员核心职业能力，需要将对高校辅导员核心职业能力的要求贯穿于基本制度的建设中，建立集高校辅导员准入、培训、考核、晋升等各个方面于一体的体系化制度，从每一个方面都展现出高校辅导员核心职业能力建设的共同目标、统一要求和一致准则，为高校辅导员核心职业能力提升明确建设方向、提供建设保障。

其次，要建立具有可操作性的制度。一项完整的制度，不仅体现在规定"是什么"上，还体现在规定"怎么做"上。前者重在制度规定的合理性，后者重在制度规定的有效性。其中，"是什么"就是上文所论述的基本制度，"怎么做"是

可以指导实际操作的制度。由于上述矛盾的存在，对制定具有可操作性的制度就提出了难题。提升高校辅导员核心职业能力，除了遵循已经颁布的《能力标准》《关于加强和改进新形势下高校思想政治工作的意见》，以及新修订的《普通高等学校辅导员队伍建设规定》等文件对高校辅导员的教育引导能力的要求外，还亟须建立有关高校辅导员的教育引导能力的建设、考核、运用等方面的具有可操作性的制度。制定有关高校辅导员的教育引导能力的基本要求的制度，关键在落实上，解决"最后一公里"问题，而加强高校辅导员的教育引导能力建设又主要依靠能够实际操作的制度。只有"细化、量化政策措施．制定相关配套举措"，方能"推动各项政策落地、落细、落实"。

最后，创设高校辅导员核心职业能力提升的制度条件，还要建立与之配套的运行保障制度。体系化制度还包括那些保障制度得以实施的制度。也就是说，体系化制度除了包括制定"是什么"的制度和"怎么做"的制度外，还要制定与这些制度配套的组织制度、监督制度和保障制度。组织制度、监督制度和保障制度可以统称为运行保障制度。没有运行保障制度的监督，其他制度就很有可能成为摆设。在提升辅导员核心职业能力的制度建设中，只有建立相应的运行保障制度，才称得上是建立了完整的提升辅导员核心职业能力的体系化制度，才能为高校辅导员核心职业能力提升提供制度保障。

（二）优化职业培训模式

当前，高校辅导员职业培训在实际过程中仍存在如下问题。第一，许多高校对于高校辅导员的职业培训重视度不够，除了开展高校辅导员岗前培训外，并未对高校辅导员做其他培训的硬性规定。对于上级部门组织开展的职业培训，一般只选取高校辅导员业务骨干参加，而其他高校辅导员则很少有机会参加。第二，理论培训和工作实践存在脱节现象，培训方式多以讲座的形式开展，授课者主要以理论讲授的方式进行，互动较少，对于高校辅导员实际工作中产生的问题缺乏深入交流和思考，培训针对性不强。第三，培训的有效性有待加强，由于高校辅导员职业培训长效机制尚未建立，高校辅导员职业培训时间普遍比较短，或者比较零散。高校辅导员受专业背景、从业经历、年龄等个体因素影响，对培训的需求和接受度有较大区别，很难在短期内实现素养和能力的系统提升。加之当前不少培训的考核手段较为单一，无法真实有效地对高校辅导员职业培训成效做出评判。

基于此，为了能够适应新时代的工作要求，全面提升高校辅导员的核心职业能力，应对高校辅导员职业培训模式进行全面优化，采取多种形式和渠道开展素质培训，不断提升高校辅导员核心职业能力。

首先，要整合高校辅导员培训内容。要根据高校辅导员的工作特点和岗位要求，确定培训重点。培训内容前后要有连续性和关联性，从而保证培训过程和培训内容的完整性。培训内容要与时俱进。通过全方位的培训，提升高校辅导员核心职业能力。

其次，要构建现代培训的方式和方法体系。在培训形式方面，可以运用鼓励高校辅导员进修与聘请兼职培训讲师这两种方式，积极鼓励高校辅导员到知名高校学习、深造，考察教育比较发达的地区和在相关的职能部门进行挂职锻炼等，不断地丰富教育实践经验和提高教育水平；通过建立兼职培训讲师团，聘请不同学科或层级的专家学者以及相关的教育管理人员开展培训，实现资源的最佳配置。

（三）高校辅导员自我能力的提升

1. 积极开展常态化研究

第一，高校辅导员要常怀一颗探究之心，树立研究意识。意识是先导，对行为有指导作用。在研究这个问题上，目前很多高校辅导员往往是比较"麻木"的。有的高校辅导员在思想上不重视，认为把工作做好即可；有的高校辅导员认为高校辅导员工作就是"良心活儿"，只需扎扎实实地干，认认真真地对学生负责，无须开展研究。所以，高校辅导员工作就成了一日复一日、机械重复的事务性工作。要将研究常态化，需要高校辅导员常怀一颗探究之心，有强烈的问题意识。不管怎样，在学生思想政治教育实践中时时处处客观存在着问题，能否发现和确认问题却是主观的，能否揭示具体问题背后隐藏的一般性矛盾和规律是主观的，能否将现实的问题推演至理论维度也是主观的，需要高校辅导员有问题意识，有发现问题的眼睛。例如，在高校辅导员组织学生开展学习十九大精神这件事上，有的高校辅导员抱着完成任务的心态，照本宣科地宣读十九大报告内容，或者请学生通读，或者让全体学生收看有关十九大报告的视频，而不做任何筛选、引导、分析，这就没有体现出高校辅导员对学生有任何的教育引导影响力。而有的高校辅导员在组织学生学习之前首先进行了大量思考，着力分析需要学习的重点内容是什么，以什么方式进行学习，学习后要达到何种目的，学生需要怎样学习，有没有什么更吸引学生的学习方式，如此等等。这样的高校辅导员就具有强烈的探究意识，经过这一番研究之后所开展的十九大精神学习，想必对学生的教育引导是有效的，达到了增强教育引导的影响力、提升其核心职业能力的目的。

第二，高校辅导员要善于抓住关键问题，开展有价值的研究。问题无处不在。除了善于发现问题、具有研究意识外，高校辅导员更要有关于问题的"质量意识"。高校辅导员只要善于抓住关键问题进行研究，就抓住了带有普遍性问题的研究，就能掌握思想政治教育中带有规律性的问题，自然能增强高校辅导员的教育引导影响力，进而提升其核心职业能力。

第三，高校辅导员要坚持以实践为导向，用研究指导工作。研究的问题主要来自两个方面。一是来自实际工作中的现实问题；二是来自学理探究的学术问题。前者主要涉及对高校辅导员工作和大学生思想政治教育实践中的实际问题的研究，后者主要涉及学理层面的抽象问题研究。毫无疑问，高校辅导员开展的研究主要是关于前者的研究，这与高校辅导员工作的基层性有关。高校辅导员与纯粹的理论研究者不同，辅导员研究的聚焦点往往来自其开展工作的实践需要。高校辅导员研究的目的是指导工作实践，不是为了研究而进行理论抽象分析。高校辅导员的研究工作往往存在于日常思想政治教育实践中，与工作实践紧密相连。高校辅导员聚焦大学生思想政治教育工作实践问题进行研究，可以把准工作实践中的问题脉搏，助力教育引导，增强其影响力，提升其核心职业能力。

第四，借助常态化研究路径，训练高校辅导员的创新思维，锻炼高校辅导员的创造能力，让高校辅导员在教育引导学生的工作实践中学会创造性地转化，使自身的教育引导对学生的成长、成才发挥切实效用，让更多学生得到更深层次的、长效的教育引导，以增强高校辅导员教育引导的影响力。增强了影响力，高校辅导员的教育引导就更具广度，实现其教育引导的加强。常态化研究是辅导员核心职业能力提升的重要路径。

2. 和现代媒体进行融合并借力

融合借力的首要问题是向"谁"借力的问题。借力的对象可以多种多样，从横向上来说，可以是不同领域或者是同一领域的对象；从纵向上来说，可以是处于不同时间段的对象；从层次上来说，可以是不同层次级别的对象；等等。回到思想政治教育，思想政治教育是那些相互作用的基本要素所进行的一项实践活动。可是思想政治教育的各个基本要素本身都无法进入实践状态，只能借助一定的载体才能进入，载体成为开展思想政治教育的关键。高校辅导员要在教育引导学生的实践活动中融合和借力，也着重体现于其在思想政治教育实践中充分借用现代媒体以增加教育引导的能量。和现代媒体进行融合并借力，最重要的是高校辅导员运用新媒体的"软实力"。向新媒体借力以增强高校辅导员的教育引导能力，需要规避以下几个问题。

第一，规避新媒体运用的方向迷失问题。如何运用新媒体为思想政治教育服务？这个问题的重点在运用新媒体以增强主体和客体在思想和行为上的政治性、思想性、教育性，这是运用新媒体的根本方向。具体来讲，高校辅导员运用新媒体，要始终坚守以马克思主义为指导，始终坚守"四个自信"，决不能偏离中国特色社会主义方向。高校辅导员运用新媒体，只能以马克思主义、习近平新时代中国特色社会主义思想为指导，培育学生的社会主义核心价值观，让学生能抵制各种社会思潮的侵蚀。高校辅导员运用新媒体，要始终围绕学生进行思想和行为教育，而不是用于娱乐或其他目的。高校辅导员只有坚守运用新媒体的导向性，才能避免利用新媒体进行思想政治教育的方向错误。一以概之，即高校辅导员在运用新媒体时，以思想政治教育的价值理性促进新媒体的工具理性，使新媒体更具价值性，促使新媒体在思想政治教育中的运用更具价值。高校辅导员借助新媒体以增强教育引导的合力，是以坚守运用新媒体的导向性为前提，进而实现其核心职业能力的提升。

第二，规避新媒体因承载大量的、分散的信息而出现"合而不力"的问题。目前高校都非常重视网络思想政治教育，上至高校各个部门，下至部门里的各科室都有相应的网络信息发布平台和网上思想政治教育阵地，这极大拓展了思想政治教育阵地，但与此同时也可能导致思想政治教育内容的重复，甚至是相互冲突。如何发挥这些新媒体对学生的思想政治的教育引导和引领作用，形成合力作用，是对高校辅导员教育引导的融合、借力的考验。只有提高高校辅导员新媒体运用的精准性，才能避免其利用大量新媒体信息但又"合而不力"的现象的发生。只有实现新媒体承载信息的"合而共力"，才可谓之借力新媒体增强高校辅导员的教育引导的合力，进而促成其核心职业能力的提升。

第三，规避新媒体运用依赖问题。高校辅导员借力新媒体，以增强教育引导能力进而实现核心职业能力提升。但是，高校辅导员又不宜过度依赖新媒体，毕竟新媒体只是思想政治教育载体当中的一种，还有物质的、文化的、活动的、制度的其他载体。高校辅导员充分利用新媒体，借力新媒体，但一定不能对思想政治教育的其他载体采取一味排斥的态度而过度依赖新媒体。高校辅导员借力新媒体，是基于对各类思想政治教育载体的和谐运用。高校辅导员要和谐运用各类思想政治教育载体，才能使其对新媒体的借力达到最佳状态以助力高校辅导员教育引导学生，达到提升其核心职业能力的目的。

总之，借力新媒体思想政治教育载体，能够为高校辅导员教育引导学生汇集力量，促成高校辅导员核心职业能力提升。有聚合力的教育引导，使高校辅导员的核心职业能力更具厚度。开放化融合之路，是高校辅导员汇集教育引导合力之路，是提升其核心职业能力的保障之路。

3. 不断学习，提高综合职业素质

（1）积累扎实的职业知识

扎实的职业知识，是提高高校辅导员职业素质的基础。根据职业知识的获取途径可划分为直接职业知识、间接职业知识和内省职业知识。通过高校接受辅导员培训、从书本上学习得来的职业知识是间接职业知识；高校辅导员在工作实践中学到的职业知识是直接职业知识；由高校辅导员对前两类职业知识的反思而得到的职业知识是内省职业知识。相比较而言，后两种职业知识更能显示出高校辅导员教育引导学生的个性化特点。根据职业知识的存在形态，有显性职业知识和隐性职业知识之分。显性职业知识是那些能够用书面文字、图片、符号等呈现出来的职业知识；隐性职业知识是高校辅导员通过身体的感官或理性的直觉而获得的职业知识。相比之下，隐性职业知识更能展现高校辅导员教育引导学生的个性化特点。促进高校辅导员职业素质的提高，积累多种形态职业知识是基础，其中尤其不能忽视那些彰显高校辅导员个性化特质的职业知识的积累。

（2）形成丰富的职业情感体验

丰富的职业情感，是提高高校辅导员职业素质的必要条件。高校辅导员职业情感是高校辅导员对本职业能否满足自身职业需求的稳定态度体验。只有高级层次的职业情感方能成为高校辅导员职业素质的组成部分，至少有以下四种。其一，事业感。将高校辅导员职业作为人生的追求，表现出强烈的事业心和责任感。对于有事业心的高校辅导员而言，高校辅导员工作不再是谋生的手段，而是一种价值生存方式，做高校辅导员工作不再是机械重复经验，而是到处充满创新。其二，有爱心。高校辅导员教育引导学生的过程，是高校辅导员传"道"和学生知"道"、悟"道"、信"道"、行"道"的过程。高校辅导员有爱心，学生"亲其师"方才"信其道"。其三，责任感。强烈的责任感，促使高校辅导员时刻站在国家发展的角度，竭力为培养中国特色社会主义事业建设者和接班人而努力奋斗。其四，成就感。有成就感的高校辅导员对高校辅导员职业充满自信，对自身价值可以充分肯定。总结起来，高校辅导员的职业情感是丰富多彩的，是多种高级情感的交织与融合。丰富的职业情感，高校是辅导员职业素质的重要组成部分，是促进高校辅导员的个性化教育引导能力提升的重要职业素质。

（3）铸牢坚定的职业信念

坚定的职业信念，是提高高校辅导员职业素质的保障。职业信念是职业情感的升华，且直接关乎职业行为，是高校辅导员职业素质不可缺少的构成内容，也是高校辅导员提升个性化教育引导能力不可缺少的职业素质。

（4）自觉践行职业行为

自觉的职业行为是提高高校辅导员职业素质的直接表现。高校辅导员的职业知识、职业情感和职业信念仅仅是高校辅导员职业素质的"意念"形态，处于潜在状态。高校辅导员只有实施了相应的职业行为，方能谓之具备了职业素质。职业行为是高校辅导员素质的最终体现，是高校辅导员综合自身的职业知识、职业情感和职业信念而对学生实施教育引导的具体表现，是高校辅导员的个性化教育引导能力的直接体现。实现高校辅导员个性化发展，形成个性化教育引导能力，自觉践行职业行为是根本。

参 考 文 献

[1] 何淑通. 高校管理人员专业发展研究 [M]. 南京：南京大学出版社，2018.

[2] 陈四清，包晓岚. 财务管理学 [M]. 南京：南京大学出版社，2017.

[3] 黎红友. 新时期高校辅导员教育管理工作精细化探析 [M]. 成都：四川大学出版社，2016.

[4] 贝静红. 高校辅导员队伍专业化发展研究 [M]. 武汉：武汉大学出版社，2016.

[5] 罗忆南，李勇男. 高校管理创新与实践 [M]. 北京：新华出版社，2014.

[6] 田晓勇. 地方高校教育管理理论与实践：以宁夏师范学院为例 [M]. 银川：阳光出版社，2013.

[7] 熊玫. 高校预算绩效管理模型及实践 [J]. 合作经济与科技，2021（23）：117-119.

[8] 姜燕. 浅谈高校教学管理创新途径 [J]. 长春师范大学学报，2021，40（11）：146-148.

[9] 李从德. 关于高校教学管理信息化建设的思考 [J]. 华东纸业，2021，51（6）：89-91.

[10] 胡锦霞. 对高校教学管理人员专业化要求的分析 [J]. 黑龙江教师发展学院学报，2021，40（11）：45-47.

[11] 王东红，高雪. 新时代高校管理育人：内涵、特征及优化路径 [J]. 现代教育管理，2021（11）：19-25.

[12] 许琳，周尚涛，孙金香. 提升高校辅导员学科素养的时代价值与实现路径 [J]. 湖北开放职业学院学报，2021，34（21）：19-21.

[13] 王艳. 以人为本理念在高校教育教学管理中的渗透 [J]. 试题与研究，2021（32）：117-118.

[14] 熊芬. 高职院校辅导员职业化问题与对策探赜 [J]. 成才之路，2021（33）：15-17.

[15] 谢明洋. 立德树人视阈下高校辅导员职业化发展路径 [J]. 人才资源开发, 2021 (21): 48-51.

[16] 张洁, 马雯瑄. 新时代高校辅导员创新思维培养体系构建的探析 [J]. 科教文汇, 2021 (11): 35-37.

[17] 许亮, 田改改, 唐光璐, 等. 新时期高校教学管理体系的挑战与实践 [J]. 北京教育（高教）, 2021 (11): 91-92.

[18] 宾扬帆. 论新时期下我国高校财务管理改革与创新的思考 [J]. 中国市场, 2021 (31): 184-185.

[19] 刘雅楠, 柯发辉, 宋卫信, 等. 高校辅导员管理与德育融合模式探索——基于"三全育人"理念的思考 [J]. 高教学刊, 2021, 7 (31): 154-157.

[20] 王建, 詹恩. 高校教师专业发展服务支撑体系存在的问题与对策研究 [J]. 教育观察, 2021, 10 (41): 60-62.

[21] 吴琦. 新时期做好高校辅导员工作的路径试析 [J]. 时代汽车, 2021 (21): 90-91.

[22] 曹利华, 胥刚. 新文科建设：地方高校教师队伍的现实困境及应对策略 [J]. 黑龙江高教研究, 2021, 39 (11): 23-27.

[23] 张璐璐. 高校辅导员职业成长的困境及提升路径分析 [J]. 绥化学院学报, 2021, 41 (11): 109-111.

[24] 林婷婷. 高校教育管理融合"以人为本"理念摭探 [J]. 成才之路, 2021 (31): 7-9.

[25] 颜进. 高等院校师资队伍建设思考 [J]. 合作经济与科技, 2021 (22): 90-92.

[26] 刘灿辉. "双一流"背景下高校教师激励困境破解之道 [J]. 合作经济与科技, 2021 (22): 117-119.

[27] 徐龙刚. 高校辅导员学生管理工作中的创新 [J]. 求学, 2021 (40): 45-46.

[28] 谢妮. 高校辅导员队伍素质能力提升研究 [J]. 大众标准化, 2021 (20): 69-71.

[29] 杨晓平. 大数据对高校教育管理的影响及对策研究 [J]. 佳木斯职业学院学报, 2021, 37 (11): 116-117.

[30] 毛雪, 徐留明. 高校辅导员管理工作方案探究 [J]. 现代职业教育, 2021 (45): 200-201.